# 新特点与新趋势：
中外文化交流报告（2023）

NEW CHARACTERISTICS, NEW TRENDS:
Report on China's Cultural Exchanges
With the World (2023)

NOUVELLES CARACTERISTIQUES ET TENDANCES :
Rapport sur les échanges culturels
entre la Chine et l'étranger (2023)

中国外文出版发行事业局
当代中国与世界研究院
中国翻译研究院

China International Communications Group
Academy of Contemporary China and World Studies
China Academy of Translation

Groupe de communication internationale de Chine
Académie d'études de la Chine et du monde contemporains
Académie de traduction de Chine

图 1　中国主题图书亮相第六届中国国际进口博览会
China-themed publications displayed at the sixth China International Import Expo (CIIE)
Livres sur la Chine présentés à la sixième Exposition internationale
d'importation de Chine (CIIE)

图 2　2023 北京文化论坛
2023 Beijing Culture Forum
Forum culturel de Beijing 2023

图 3　中华文化主题展亮相 2023 法国巴黎国际博览会
The Chinese culture exhibition at the Foire de Paris 2023
Exposition sur la culture chinoise pendant la Foire de Paris 2023

图 4　纪念费城交响乐团访华 50 周年音乐会
50 Years of Friendship: Special Anniversary Concert of the
Philadelphia Orchestra's 1973 China Tour
Concert célébrant le 50ᵉ anniversaire de la visite de l'Orchestre de Philadelphie en Chine

图 5　成都大运会倒计时 100 天青春歌会
100-Day Countdown Youth Concert for the Chengdu Universiade 2023
Concert de la jeunesse pour le compte à rebours des 100 jours avant les Universiades de Chengdu

图 6　塔吉克斯坦鲁班工坊
Luban Workshop in Tajikistan
Atelier Luban, Tadjikistan

图 7 "文化数字丝绸之路"正式开通
Cultural Digital Silk Road officially launched
Inauguration de la Route de la Soie numérique culturelle

图 8 中国向黎巴嫩捐赠应急救援机器人
China donates emergency rescue robots to Lebanon
Robot de secours chinois offert au Liban

图 9 "China Travel" 火爆全球
China has become a popular destination for foreign tourists
Popularité mondiale de « China Travel »

图 10 景迈山 IP 打响国际生态旅游品牌
Jingmai Mountain becomes a strong international ecotourism brand
La montagne Jingmai émerge comme destination de l'écotourisme international

图 11　杭州亚运会火炬"薪火"
"Eternal Flame", torch of the 19th Asian Games Hangzhou
Torche des Jeux asiatiques de Hangzhou « Feu éternel »

图 12　2023/2024 赛季国际雪车联合会世界杯
2023/2024 BMW IBSF Bobsleigh and Skeleton World Cup
Coupe du monde BMW IBSF de Bobsleigh et Skeleton 2023-2024

图 13 "普洱景迈山古茶林文化景观"成功列入《世界遗产名录》
The cultural landscape of old tea forests in the Jingmai Mountain,
Pu'er, inscribed on the World Heritage List
Paysage culturel des anciennes forêts à thé de la montagne Jingmai à Pu'er inscrit sur la
Liste du patrimoine mondial

图 14 "守护与重光"展览在中国国家博物馆开幕
"Salvaged from the shadows, Protecting cultural heritage"
exhibition at National Museum of China
Exposition « De l'ombre à la lumière, Protéger le patrimoine »
ouverte au Musée national de Chine

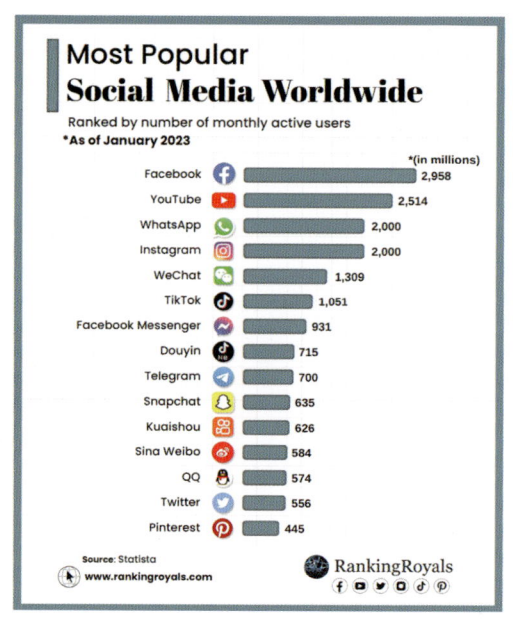

图 15　2023 年全球十大最受欢迎社交媒体平台
Most popular social media worldwide in 2023
Top 10 des plateformes de médias sociaux les plus populaires dans le monde en 2023

图 16　社交媒体平台的"洋网红"
Foreign influencers on Chinese social media
Influenceurs étrangers

图 17　中外游客在三星堆博物馆探寻中华文明"多元一体"的远古密码
Chinese and foreign tourists at the Sanxingdui Museum
Touristes chinois et étrangers au Musée de Sanxingdui

图 18　青少年"讲好中国故事"创意编程大赛
Creative programming contest for youth—Telling engaging stories of China
Concours de programmation créative pour les jeunes « Bien présenter la Chine »

图 19 意大利首都罗马的兔年春节
Chinese Lunar New Year of the Rabbit celebrated in Rome, capital of Italy
Célébrations de l'année du Lapin à Rome

入选全球创意城市网络的中国城市			
城市名称	称号	授予时间	备注
深圳	设计之都	2008 年	第一个加入"创意城市网络"的中国城市
上海	设计之都	2010 年	
成都	美食之都	2010 年	第一个获此称号的亚洲城市
哈尔滨	音乐之都	2010 年	中国首个获此称号的城市
杭州	工艺与民间艺术之都	2012 年	中国首个获此称号的城市
北京	设计之都	2012 年	
景德镇	工艺与民间艺术之都	2014 年	
苏州	工艺与民间艺术之都	2014 年	
顺德	美食之都	2014 年	
长沙	媒体艺术之都	2017 年	中国首个获此称号的城市
澳门	美食之都	2017 年	
青岛	电影之都	2017 年	中国首个获此称号的城市
武汉	设计之都	2017 年	

图 20 入选全球创意城市网络的中国城市
Chinese cities included in UNESCO Creative Cities Network
Les villes chinoises intégrées au Réseau des villes créatives de l'UNESCO

图 21 何以文明——中华文明探源工程成果数字艺术大展
Civilization in Archaeology—Digital Art Exhibition of Exploration of the Origins of Chinese Civilization
Exposition numérique sur les origines de la civilisation chinoise

图 22 故宫博物院数字文物库
Digital cultural relics library of the Palace Museum
Banque numérique des reliques du Musée du Palais

图 23 做出突出贡献的国际友人获得中国首届"兰花奖"
Foreign friends who have made outstanding contributions to cultural exchanges between China and the world honored with the inaugural Orchid Awards in China
Primés étrangers de la première édition du « Prix de l'Orchidée » de Chine

目　录

概要 ··· 3

序言 ··· 9

一、多领域成效明显 ·· 11
1. 文化传播效能持续提升、方式不断革新 ············ 11
2. 文化产业出海积极踊跃、合作愈发活跃 ············ 13
3. 教育合作快速回暖向好、高质量深入推进 ········· 16
4. 科技交流合作广泛深入、成果普惠共享 ············ 18
5. 跨国旅游复苏步伐加快、民间互信深化 ············ 20
6. 体育赛事搭建交流平台、传承人文价值 ············ 22

二、新特点与新趋势 ······································· 25
1. 文化大国肩负新责任，文化遗产保护将更得力 ··· 25
2. 人际交流成为新热点，各国人民友谊将更牢固 ··· 26
3. "Z世代"担当新主力，未来全球朋友圈将更年轻 ··· 27
4. 城市交往催生新风尚，城市发展合作将更深入 ··· 29
5. 数字科技拓展新空间，文化交流形态将更多彩 ··· 30

结语 ·· 33

Contents

Abstract 37

Preface..45

I. Achievements in multiple sectors 49
1. More efficient and innovative cultural communication 49
2. More dynamic international cultural industry cooperation 53
3. Resumed and upgraded international cooperation in education ...57
4. International sci-tech cooperation for mutual benefits 60
5. Cross-border tourism and mutual trust among peoples 64
6. Sports events as platforms for cultural exchanges 67

II. Emerging trends 71
1. China's more active role in cultural heritage conservation 71
2. Stronger international ties through people-to-people exchanges ...73
3. Gen Z as a new driving force of cultural exchanges 75
4. Cities as hubs of cultural exchanges and future cooperation 77
5. New horizons expanded by digital technology 79

Conclusion 83

Table des matières

Résumé 87

Préface 97

I. Résultats significatifs dans plusieurs domaines 101

1. L'efficacité de la diffusion culturelle s'améliore avec de nouvelles méthodes 101
2. Des entreprises culturelles augmentent la promotion et la coopération à l'étranger 105
3. La coopération éducative se redresse rapidement et progresse de manière approfondie et de haute qualité 109
4. Les échanges et coopération technologiques s'étendent avec des résultats accessibles et partagés 112
5. La reprise du tourisme transnational s'accélère et la confiance mutuelle s'approfondit 116
6. Les événements sportifs internationaux créent des plateformes d'échange et favorisent la compréhension et l'inclusion entre différentes cultures 119

II. Nouvelles caractéristiques et tendances 123

1. La Chine en tant que pays fort de culture assume de nouvelles responsabilités pour une protection du patrimoine culturel plus efficace 123

2. Les échanges entre les peuples deviennent un nouveau point chaud avec une amitié plus ferme 125

3. La génération Z devient la nouvelle force principale, et le futur des réseaux mondiaux sera plus jeune 126

4. Les échanges urbains donnent naissance à de nouvelles tendances, et la coopération sur le développement des villes s'approfondit... 129

5. La technologie numérique ouvre de nouveaux espaces, diversifiant les formes d'échanges culturels 131

Conclusion 135

新特点与新趋势：

中外文化交流报告（2023）

概　要

2023年，习近平主席提出的全球文明倡议为中外文化交流提供了遵循和指引。中外文化交流是积极践行全球文明倡议的务实行动。北京文化论坛就是中国加强同全球各地文化交流、共同推动文化繁荣发展的重要实践。

《新特点与新趋势：中外文化交流报告（2023）》基于各机构公开文献、数据和案例，对2023年中外文化交流情况展开调研。研究发现，2023年，中外文化交流直面挑战与机遇、把握安全与发展、注重合作与互惠，呈现出快速回暖、积极向好的总体态势。交流规模快速接近疫情前水平，方式更加多元、形态更加新颖、对话更加深入，步入高质量发展新轨道。例如，2023年中国出入境人次达4.24亿，同比上升266.5%，"文化数字丝绸之路"受到各国欢迎。下面，从传播、文产、教育、科技、旅游、体育等多个文化交流领域做简要介绍。

一、2023年中外文化交流多个领域成效明显

文化传播增效。 2023年，中国广泛开展国际出版合作，文

化传播更加贴近受众需求。截至2023年底，《习近平谈治国理政》已翻译出版4卷、41个语种，发行覆盖全球180多个国家和地区，被誉为"读懂中国的思想之门"。北京文化论坛、良渚论坛、和合文化全球论坛、金熊猫国际文化论坛等重大国际论坛活动，积极分享中华文化智慧，联合发布文化保护传承宣言，共同践行全球文明倡议，产生重要示范效应。同时，文化感知与交流方式也日新月异。"全景故宫"数字虚拟体验、"寻境敦煌"VR沉浸展等，给海内外民众带来身临其境的文化体验。

文产互动活跃。2023年，中国文创产业集群出海，联合全球文化产业协同发展，中外文化展览展示互动更加频繁。来自56个国家和地区2500余家展商慕名参展北京国际图书博览会，声誉卓著的巴黎国际博览会也首次迎来中国官方参展团。美国费城交响乐团与中国国家交响乐团联袂推出的"纪念费城交响乐团访华50周年音乐会"，呈现"跨越半个世纪的友谊"。海外文化产品也落地中国。2023年中国内地影院上映进口片78部，全球票房排名前十的电影均有上映。

教育合作升级。2023年，中外教育交流合作迅速走出疫情影响，高水平深入发展。国际师生重返校园，合作办学热度上升、形式多样。中国新增44个本科以上中外合作办学项目和机构，与"一带一路"共建国家和地区的教育合作更加丰富多元。中国也主动参与全球教育治理，为改善全球数字教育生态积极努力。

科技交流深化。2023年，中国积极融入全球科技创新网络，加快技术转移和知识分享步伐。中国已经加入200多个国际组织和多边机制，参与近60项国际大科学计划和大科学工程。据丝绸之路国际总商会统计，全球82个国家的218个团体会员中，超过半数都表示愿意参与共建"文化数字丝绸之路"。

跨国旅游复苏。 2023年，出入境便利政策连续出台，掀起了外国游客来华热潮，增进了中外民间的友谊与互信。当年中国入出境旅游人数超过1.9亿人次，中国游客海外消费金额达到1965亿美元，"打卡中国"成为全球旅游新潮流。2023中国国际旅游交易会吸引了70多个国家和地区的旅游推广机构、相关企业参展，非遗文化体验受到广泛欢迎。

体育赛事助力。 2023年，中国积极参与主办、协办各类国际综合或专项体育赛事，促进不同文化包容理解。杭州亚运会、成都大运会、国际滑联系列赛、国际帆船赛等国际赛事得到世界各国积极响应，演绎了许多和谐、和睦、和美的动人故事。

二、2023年中外文化交流呈现新特点与新趋势

2023年，中外文化交流在主题、形式、主体、载体、平台等方面呈现诸多新特点与新趋势。

文化大国肩负新责任，文化遗产保护将更得力。 2023年，各国携手推进世界文化遗产的申报、修复与研究工作，文化遗产保护传承国际合作成为中外文化交流最鲜明的议题。"普洱景迈山古茶林文化景观"成功列入《世界遗产名录》，成为全球第一个茶主题世界文化遗产。面向未来，中国将不断维护世界文化的多样性，也期待各国在主要国际组织框架中通力合作，共同保护传承好属于全人类的文化财富。

人际交流成为新热点，各国人民友谊将更牢固。 2023年，中外文化交流呈现社交化的新特点。这种方式不仅促进了信息的即时共享，更加深了不同文化间的相互尊重和理解。展望未

来，不仅中外民间交往将更加频繁，社交媒体推动文化交流也将成为国际交往新趋势。更多跨国文旅品牌活动和跨文化教育精品项目，将不断夯实中外友好的民意基础。

"Z世代"担当新主力，未来全球朋友圈将更年轻。"Z世代"青年善于运用新技术、新媒介，2023年，他们以创作跨文化艺术作品、发起网络文化活动、参与国际志愿者项目等方式，架设起连接中外的桥梁。展望未来，青年将进一步成为中外文化交流的中流砥柱，国际交往"朋友圈"将更具青春活力。

城市交往催生新风尚，城市发展合作将更深入。2023年，城市日益显现出文化交流的媒介属性，成为中外民众文化交往的流行时尚及文明互鉴的中心枢纽。越来越多的外国友人不远万里来到中国各个城市，探寻文化景观与特色美食，体验高铁速度、便捷支付、无人驾驶等现代化成果，重新认识一个文化与科技交织的文明中国。展望未来，中外文化交流将不断凸显友城元素与合作议题，将有更多中外城市"寻搭子""结对子"，共同构建城市发展共同体。

数字科技拓展新空间，文化交流形态将更多彩。2023年，虚拟现实、增强现实等数字技术，以全景式、沉浸式文化体验，让远隔千里的受众能身临其境地感知异国文化魅力。展望未来，数字技术将进一步推动内容、技术、模式、业态和场景的全方位创新，文化交流将迎来前所未有的新机遇。

结语

回首2023，国际社会对中国积极推动中外人文交流、倡导全球文明倡议给予高度评价，也有10位做出突出贡献的国际友人获得中国首届"兰花奖"。当前，国际形势依旧复杂多变，全球治理不确定因素增多，促进各国文化交流与文明互鉴的意义更显重大。2024年6月7日，中国提出的设立"文明对话国际日"决议，得到第78届联合国大会协商一致并通过，这正是中国为增进文化之间相互理解、促进文明交流互鉴而做出的积极努力。展望未来，中国将继续积极倡导并践行全球文明倡议，为不同文明之间的交流合作搭建更多平台、创造更多机会，努力推动各国共同应对全球性挑战，繁荣世界文明百花园，携手构建人类命运共同体。

序 言

2023年，习近平文化思想正式提出，这是新时代中国在新的历史起点上继续推动文化繁荣、建设文化强国、建设中华民族现代文明，推动全球文明交流互鉴的根本指针。在这一思想指引下，中国共产党带领人民积极弘扬全人类共同价值，推动不同文明交流互鉴，为应对全球共同挑战、推动人类文明进步贡献智慧力量。文化交流是促进世界文明进步的一个重要条件，也是推动文化多样性的内在要求。2023年，习近平主席提出的全球文明倡议为中外文化交流提供了遵循和指引。中外文化交流是积极践行全球文明倡议的务实行动，是中国开展文明对话与互鉴的集中体现，更是推动构建人类命运共同体的应有之义。

2023年，世界百年变局加速演进、国际形势更加动荡变革。在元首外交战略引领下，以落实全球发展倡议、全球安全倡议、全球文明倡议为重点，中外文化交流迎难而进、充满希望。中国领导人与多国政党领袖"云"聚会、习近平主席应邀对俄罗斯进行国事访问并举行中俄元首会晤、中法领导人共赏《高山流水》琴韵悠长、中国—中亚五国元首共植友谊林、习近平主席出席金砖国家领导人第十五次会晤并对南非进行国事访问、习近平主席与美国总统在旧金山会晤、习近平主席赴山水相连的越南与传统友国领导人会见等，一系列元首外交活动充分彰显了中国坚持和平发展、深化友好合作的立场主张，也为中外文化交流带来了重要契机；在沙特和伊朗的和解过程中，在巴以冲突、乌克兰危机等重大国际问题上，中国主动调解斡旋，展现了维护世界和平和解决地区冲突的责任担当，也为中外文化交流强化了安全保障；在"一带一路"倡议提出十周年之际，第三届"一带一路"国际合作高峰论坛在北京成功举行，标志着共建"一带一路"迈入高质量发展新阶段，再次体现出这一全球公共产品的巨大感召力和国际影响力，也为中外文化交流夯筑了发展根基；全球文明倡议的正式提出和实施，为推动不同文明平等相待、互尊互信、和衷共济、和谐共生指明了方向，为促进人类文明发展、推动人类现代化进程注入了强大正能量，也为中外文化交流提供了强大的思想引领。

  2023年，中外文化交流直面挑战与机遇，把握安全与发展，注重合作与互惠，呈现出诸多新特点与新趋势。为更好地了解相关情况，中国外文局当代中国与世界研究院专项课题组基于外交部、教育部、科技部、文旅部、体育总局等机构公开数据开展深度调研，聚焦传播、文产、教育、科技、旅游、体育等领域进行梳理归纳，围绕交流主题、形式、主体、载体、平台等方面探寻特征趋势，并基于这些启示展望未来。希望这份报告有助于中外文化交流取得更大进展与成效，我们愿为此付出积极努力。正如习近平主席致2023北京文化论坛贺信所言，中国将加强同全球各地的文化交流，共同推动文化繁荣发展、文化遗产保护、文明交流互鉴，践行全球文明倡议，为推动构建人类命运共同体注入深厚持久的文化力量。

一、多领域成效明显

2023年中外文化交流整体呈现出快速回暖、积极向好的态势，分领域体现为文化传播增效、文产互动活跃、教育合作升级、科技交流深化、跨国旅游复苏、体育赛事助力等新特点。

1. 文化传播效能持续提升、方式不断革新

2023年，文化和传媒深度融合，孕育出跨文化传播新业态。这种新业态不仅提升效能、创新方式，而且扬帆出海、以艺通心，成为讲述中国故事的新名片、展现中华文化的新窗口、促进文化相知相通的新桥梁。

中国积极开辟多样出版路径，国际出版合作广泛开展。 截至2023年底，《习近平谈治国理政》已翻译出版4卷、41个语种、发行覆盖全球180多个国家和地区，受到各国广泛欢迎，被誉为"读懂中国的思想之门"。[1] 同时，中国全面恢复国际书展参

---

[1] 《解码中国发展繁荣之道 回答世界之问时代之问——习近平主席重要著作何以持续风行世界》，新华网，http://www.xinhuanet.com/politics/leaders/20240712/a9aef5c24d8a464f9035212245b21b7b/c.html。

展，举办中国主宾国活动，推动精品出版物在伦敦、法兰克福等国际书展上展览展示，以中外经典著作互译计划、经典中国国际出版工程、丝路书香工程等重点工程为引领，推动中外优秀图书译介出版，促进文明交流互鉴。在2023北京国际图书博览会上，"中国主题图书国际合作出版协作机制"实现扩员，上海世纪出版集团、浙江出版联合集团等6家新的中方成员和波兰马尔沙维克出版集团、西班牙大众出版社等12家新的外方成员加入，国际出版合作网络进一步拓展。中国国际出版集团推出的"中国关键词"文明文化系列、"大中华文库"系列、"美猴王系列"等多个文化主题系列丛书，以及《孙子兵法》《以遗知音：中国唐代诗选》《中外5000年文明互鉴》《敦煌》等文化主题热门图书，以多语种、多媒体、多形态的传播方式，推动国际出版不断创新发展。2023年，致力于翻译《孙子兵法》的80后土耳其汉学家吉来多次来中国参加学术对话和文化交流活动，他表示："感谢中方为全球学者和汉学家提供了丰富的交流对话平台。现在，促进文明交流互鉴比任何时候都更加重要。"

中国积极推进国际传播事业，中外文化传播更加贴近需求。 2023年，十余家省级国际传播中心纷纷挂牌成立，它们根据自身区域优势与文化特点，将促进文化交流与文明互鉴作为重要使命。云南省南亚东南亚区域国际传播中心打造面向南亚东南亚的文化传播与人文交流试验田，筑起讲好美丽中国七彩云南故事的新高地；河南国际传播中心推出"了不起的甲骨文"主题推广项目，以"甲骨文""黄河"等为主题组织"爱河南·中原行"文化交流活动，促使越来越多外国友人走进河南、爱上河南；广西与东盟的影视剧合作呈现出相近相亲的友好局面，不仅在老挝、缅甸等国搭建了译制工作站，还在东盟许多国家电视台开设了《中国剧场》《中国动漫》等栏目，并推介了《琅琊榜》《山海情》《红楼梦》等热播电视剧和《如果国宝会说话》《你所不知道的中国》等纪录片，搭建了稳固的文化交流桥梁。同时，国际影视产品也在中国广受欢迎。《2023中国电影市场年度盘点报告》数据显示，2023年中国内地影院共上映进口片78部，全球票房排名前十的电影均有在国内上映，特别是《铃芽之旅》《灌篮高手》纷纷打破日本电影在中国的票房纪录，也给中国民众带来了"二次元"的文化震撼。

技术变革提高传播效能，文化感知与交流方式不断创新。当前，5G、人工智能、虚拟现实等信息技术应用快速演进，国际传媒生态、信息传播方式、文化交流形态正在发生深刻变革，智能技术应用成为展示文化魅力、提升传播效能的有效途径。2023年，文化感知与交流方式的创新探索亮点频现：4月，故宫博物院推出"全景故宫"数字虚拟体验，通过720度空间影像满足观众线上参观需求；5月，"何以文明——中华文明探源工程成果数字艺术大展"利用数字化技术实现10个中华文明探源工程重点考古遗址复原的线上展出，让海外受众能够沉浸式漫游文明现场、近距离感受文物之美；9月，"寻境敦煌"VR沉浸展与"数字藏经洞"正式启幕，也为海内外民众带来了身临其境的文化体验。

2．文化产业出海积极踊跃、合作愈发活跃

2023年，中国文化产业海外推广与国际合作十分活跃，通过创新合作形式，积极融入国际市场，推动了全球文化产业的繁荣发展。

中华文化展览展示活动更具示范效应与品牌特色。 2023年，中国举办了各类国际文化展览展示活动。2023北京文化论坛、首届良渚论坛、2023和合文化全球论坛、2023金熊猫国际文化论坛等重大国际论坛活动，积极分享中华文化智慧，联合发布文化保护传承宣言，共同践行全球文明倡议，产生重要示范效应。2023年6月，首届文化强国建设高峰论坛在深圳举办，同时，第十九届中国（深圳）国际文化产业博览交易会大幕开启，文化强国建设高峰论坛、文博会"双星并耀"，展示了各地文化产业发展最新成果。中外文化展示活动落地海外、影响广泛。如文化和旅游部在海外持续打造"欢乐春节"、"茶和天下"·雅集、"文化丝路"等品牌活动。中国外文局首次组织全国文化机构参展2023法国巴黎国际博览会，举办"遇·鉴中国——中华文化主题展"，得到法国文化界人士高度评价，受到法国人民热烈欢迎，荣获法国巴黎国际博览会120周年"金奖"荣誉。各类文化节庆活动差异化发展，如浙江的"一带一路"国际茶文化节、广东的"海上丝绸之路国际艺术节"等，形成了各具特色的交流品牌。同时，中国积极引进海外精品文博展览和文艺演出，通过"请进来"的方式与世界各国在文化领域互学互鉴。例如，美国费城交响乐团与中国国家交响乐团在国家大剧院联袂呈现"跨越半个世纪的友谊——纪念费城交响乐团访华50周年音乐会"。意大利乌菲齐美术馆藏大师自画像展亮相中国国家博物馆。上海博物馆首度联手英国国家美术馆，推出"对话世界"文物艺术系列大展之"从波提切利到梵高：英国国家美术馆珍藏展"。

中国文化产品走向世界，国际市场反馈积极向好。 经过多年发展，中国文化产品出海之势渐成规模、传播半径不断延伸、覆盖范围持续扩展，已经成为中国文化走出去的重要载体。2023年，第29届北京国际图书博览会期间，共有20多万种中外图书亮相，参展国家和地区达56个，展商数量2500家，[1]既充分展示新时代十年和二十大以来的出版成果，又集中展示了代表各国优秀文明成果的精品外文版图书，推动不同文明交流对话。在网络文学方面，《2023中国网络文学出海趋势报告》显示，2023年中国网络文学市场营收规模持续扩大，达到383亿元，同比增长20.52%。"中国网络文学出海作品总量（含网络文学平台海外原创作品）约为69.58万部（种）"，同比增长29.02%。在中东和非洲地区，中国网文已经成为文化交流的生力军。中国影视文化产品同样赢得海外市场广泛赞誉。2023年，优酷发布的《古装剧"出海"报告》显示，中国古装剧已被译制为英语、泰语、越南语、西班牙语、阿拉伯语等16种外语，通过海外电视媒体和跨国新媒体平台播出，覆盖全球超200个国家及地区。《流浪地球2》《封神第一部：朝歌风云》《热烈》等优秀国产影片在全球超过50个国家及地区上映，在英国、法国、泰国等多个国家反响强烈，创造华语电影海外市场多项纪录。

中国文创产业集群出海，国际产业合作不断深化。文创产业合作是中国促进文化交流、推动文明互鉴的新形式。2023年，中国文创产业呈现出市场扩大、领域拓展、技术创新和全球化布局等显著特点，正以蓬勃发展的姿态集群出海，范围覆盖了东南亚、北美、欧洲、非洲等多个国家和地区。继出版授权、翻译出海、模式出海后，中国文创企业积极寻求国际平台合作，进入"全球共创IP"的新阶段，参与共同构建海外文创的新生

---

[1]《第29届北京国际图书博览会开幕》，新华网，http://www.xinhuanet.com/book/20230618/a6550043a5ac4148812fd0841a8ace63/c.html。

态。如阅文集团在出版、动漫、音视频等领域，和企鹅兰登等许多产业伙伴建立了深入合作关系，向全球多地授权出版了大量作品；起点国际通过举办全球征文活动积极培育海外原创网络文学的生力军。

3. 教育合作快速回暖向好、高质量深入推进

2023年，随着新冠肺炎疫情防控实现平稳转段，中外教育交流合作迅速恢复，并且呈现出高质量发展的可喜态势。中国不仅致力于提升中外合作办学规模和水平，而且在数字教育合作、全球教育治理方面为构建开放创新的全球教育生态系统积极努力。

国际师生重返校园，合作办学热度上升、形式多样。中外合作办学是跨国文化交流的重要方式，众多中国高校与国际伙伴共同设立了合作办学机构和项目，为国际学生提供了学习和感知中华文化的机会。2023年，国际师生纷纷重返中国校园恢复学习生活和日常教学，中外合作教育秩序迅速恢复。不仅如此，中外合作办学依旧热度不减，2023年新增44个本科以上中外合作办学项目和机构。特别是中国与"一带一路"共建国家和地区的教育合作日益密切、形式灵活多样，无论是开设孔子学院（课堂）、"鲁班工坊"，还是设置高职院校"订单班"，都既让万千中外青年成长受益，也为中外文化交流注入青春活力。

中国数字教育迅速发展，为改善全球数字教育生态积极努力。经过多年持续努力，中国教育信息化实现跨越式发展，2023年中国校园网络接入率达到100%，拥有多媒体教室的中

小学校占比达99.5%，成为全球数字教育水平最高的国家之一。[1]不仅如此，中国还面向全球推出国家智慧教育公共服务平台，获联合国教科文组织教育信息化奖，该平台现已成为世界最大的教育资源库，受到许多国家学习者欢迎。此外，在2023年2月举行的世界数字教育大会上，中国发布了智慧教育蓝皮书、中国智慧教育发展指数报告和智慧教育平台标准规范等，既向国际社会全面介绍了中国教育数字化转型发展进程，还提出了关于深化数字教育国际合作，构建开放共享、平等互利、健康安全的全球数字教育生态的倡议。作为这一倡议的实践成果，"中国—东盟数字教育联盟"于8月正式成立，为推动中国和东盟国家全面发展务实包容的高质量教育合作伙伴关系迈出了新步伐。

中国主动参与全球教育治理，探索搭建高端教育合作平台。 2023年，中国通过参与联合国教科文组织及其他国际教育组织工作，探索搭建全球性高端教育合作平台，主动贡献全球教育治理的中国方案。中国政府、高校和社会组织积极参与全球教育治理项目，如中国政府担任2030年教育高级别指导委员会成员，增加长城奖学金名额、上线中国国家智慧教育公共服务平台国际版，北京大学开展"促进非洲女童校园健康教育项目"，北京师范大学设立支持非洲女童和妇女数字技术教育发展的专项信托基金等。尤其是联合国教科文组织第42届大会通过在上海设立国际STEM（科学、技术、工程和数学）教育研究所的决议，首次将一类中心落户中国，这既是对中国参与全球教育

---

[1]《教育部：全国中小学（含教学点）互联网接入率达到100%》，人民网，http://edu.people.com.cn/n1/2023/0209/c1006-32620688.html。

治理的充分认可，也赋予了中国深化跨国科教合作、改善全球教育生态的更多责任。

4. 科技交流合作广泛深入、成果普惠共享

2023年，人工智能科技开始深度改变人类生产交往方式。ChatGPT等智能生成技术的内嵌应用，显著提升了国际交流合作效率。虚拟现实、增强现实、元宇宙等技术普及，极大丰富了中外文化交流形态。中外科技交流合作广泛深入，成为促进文化交流与文明互鉴的重要支柱。

中国积极融入全球科技创新网络，加快技术转移和知识分享步伐。 2023年，中国积极拓展对外科技交流共享空间，主动融入全球科技治理体系。截至2023年10月，中国已经加入200多个国际组织和多边机制，参与近60项国际大科学计划和大科学工程，且在这些组织的贡献度、影响力明显提升。[1] 同时，中国主动搭建科技交流与知识分享平台。在首届"一带一路"科技交流大会上，80多个国家、地区和国际组织代表参加会议，深度交流科技创新经验。"一带一路"产学研合作论坛也为共建国家的高等院校、研究机构、企业、行业协会等提供了交流契机。中国深入实施"一带一路"科技创新行动计划，积极推进科技人文交流、共建联合实验室、技术转移和科技园区合作四项举措。截至2023年底，中国共启动50余家"一带一路"联合实验室建设，支持逾万名共建"一带一路"国家青年科学家

---

[1] 《科技开放合作，利于造福人类》，《人民日报海外版》（2024年6月28日第01版），http://paper.people.com.cn/rmrbhwb/html/2024-06-28/content_26065988.htm。

来华开展科研工作和交流，累计培训超过1.5万名国外科技人员，基本形成了"一带一路"技术转移网络。[1]在气候变化、能源、环境、农业、健康等关乎全人类福祉的领域，中国与世界各国积极共享科技创新成果。

中国积极推动数字经济发展，倡导共建"文化数字丝绸之路"。中国高度重视数字经济发展，目前已成为全球数字经济发展最迅速、最成熟的国家之一。截至2023年10月，中国已建成开通5G基站数量超过170万个，占全球60%以上，[2]电子商务、电子政务、短视频等新兴应用不仅深刻改变了中国人民的生产生活方式，也正在为提高世界各国的经济效率和生活质量做出贡献。同时，中国倡导建设线上线下相结合的"文化数字丝绸之路"，以"数字技术＋文化艺术"的新形态，更好地保护和传承各国优秀传统文化，搭建国际文化交流和文明互鉴的大平台。这一倡议得到共建国家的广泛响应，据丝绸之路国际总商会统计，截至2023年3月，全球82个国家的218个团体会员中超过半数都表示愿意参与共建"文化数字丝绸之路"。[3]

中外科技交流广泛拓展，科技开放合作新格局逐步形成。面对新一轮科技革命和产业变革，中外科技交流合作关系更紧密、领域更广泛、方向更明确。2023年，中国通过举办2023中关村论坛、第六届中新国际科技交流与创新大会、首届"一带一路"科技交流大会等各类国际论坛、会议、活动，同世界各

---

[1]《我国积极推进全球科技交流合作》，《光明日报》（2022年11月19日06版），https://epaper.gmw.cn/gmrb/html/2022-11/19/nw.D110000gmrb_20221119_1-06.htm。
[2] 蔡春林，李青埏：《数字技术助推金砖国家人文合作》，中国社会科学网，https://www.cssn.cn/skgz/bwyc/202310/t20231020_5691592.shtml。
[3]《拥抱数字技术 共建文化丝路》，人民网，http://lianghui.people.com.cn/2023/n1/2023/0310/c452473-32641324.html。

国开展了广泛的科技交流合作。截至2023年10月，中国已与161个国家和地区建立了科技合作关系，签署了117个政府间科技合作协定，与各国在气候变化、清洁能源、生命健康等多个领域开展务实合作，构建起多层次、全方位、广领域的科技开放合作新格局。[1]在2023年底召开的首届"一带一路"科技交流大会上，中国主动发起《国际科技合作倡议》，提出应坚持"科学无国界、惠及全人类"，倡导携手构建全球科技共同体。

5.跨国旅游复苏步伐加快、民间互信深化

2023年，中外旅游市场迅速走出疫情影响，呈现出复苏回升的良好态势。利好政策纷纷出台，各类文化和旅游展会、项目、交流活动日益增多，文化和旅游产业深度融合，在推动全球旅游业繁荣发展的同时，也为全球经济复苏贡献了力量。

便利政策纷纷出台，跨国旅游市场复苏强劲。 2023年以来，中国政府持续优化外国人签证和入境政策，包括对部分国家试行单方面免签、与新加坡和泰国等多个国家达成全面互免签证协定、简化签证申请表、调减签证费用、免采部分申请人指纹、取消签证预约安排、简化来华留学审批手续、对部分国家实行72/144小时过境免签政策等。这些措施减少了中外文化交流的政策障碍，促进了跨国旅游市场的快速复苏。联合国世界旅游组织发布的统计报告显示，2023年中国游客海外消费金额达到1965亿美元，超过美国和德国，再度成为全球最大出境旅游消

---

[1]《科技开放合作，利于造福人类》，《人民日报海外版》（2024年6月28日第01版），http://paper.people.com.cn/rmrbhwb/html/2024-06/28/content_26065988.htm。

费国。[1]中国旅游研究院数据显示，2023年中国入出境旅游人数超过1.9亿人次，较2022年增长2.8倍以上。[2]目前，"打卡中国"成为全球旅游新潮流，出境旅行也成为中国民众度假新常态。

文旅融合项目新意迭出，民众文化体验丰富多彩。2023年，中国更加注重打造独具特色的文旅融合体验项目，通过举办文化旅游展示推介、庆祝特色文化佳节、打造文化主题景区、开发文化创意产品等方式，为外国游客提供更加丰富和独特的文旅项目。从贵州榕江县三宝侗寨的"村超"，到四川牛背山的科幻旅游项目，中国各类文旅融合项目不断创新，为中外游客提供了丰富多样的文化体验。2023中国国际旅游交易会吸引了70多个国家和地区的旅游推广机构、相关企业参展，令人耳目一新。其中，云南展区集中了16个州市的100多个非遗项目，推出了10条非遗主题旅游线路，并组织了颇有趣味的非遗文化体验项目，受到外国游客的广泛欢迎。

国际旅游合作互信加深，中外民间交往认同增强。中国推出的一系列出入境便利政策，特别是过境免签和单方面免签政策，不仅掀起了外国游客来华热潮，而且增进了中外民间的友谊与互信。以东盟为例，多个国家与中国边境毗邻，由于地缘优势，互为重要的旅游目的地，旅游合作交流是中国—东盟人文交流的重要组成部分之一。2023年以来，中国与东南亚旅游城市之间的航班全面恢复，新加坡、马来西亚、泰国对华实施免签政策，而几乎所有东南亚国家的机场、旅游景点都有方便

---

[1]《世界旅游晴雨表》（2024年第22卷第2期），联合国旅游组织官方网站，https://pre-webunwto.s3.eu-west-1.amazonaws.com/s3fs-public/2024-06/Barom_PPT_May_2024.pdf?VersionId=U7O62HatlG4eNAj.wcmuQG1PMCjK.Yss。
[2]《中国旅游研究院：预计2024年国内旅游人数或超60亿人次》，新华网，http://www.xinhuanet.com/fortune/20240211/7829dbac7d934dc0bc145943ff3bf565/c.html。

中国旅客出行的中文标识。这些行动深化了彼此间的文化交流与合作，有力推动了构建更为紧密的中国—东盟命运共同体。比利时前首相伊夫·莱特姆高度认可中国对欧盟五国单方面免签政策，认为这是十分积极的进展，希望整个申根区都能获得中国的免签待遇。德国驻华大使傅融则用"前所未有"来形容中方免签措施将为德国公民带来的便利。如今，在中国民众心里，出国旅行更加感受到热情，在外国民众眼里，来华旅行更加到便利。

6. 体育赛事搭建交流平台、传承人文价值

体育运动是超越国界的共同语言，体育赛事更是全球文化交流与运动精神传承的重要平台。2023年，中国积极参与主办、承办各类国际体育赛事，对于弘扬全人类共同价值、促进文化包容理解、增强民间友好情谊、推动世界和平发展发挥了重要的作用。

国际综合赛事搭建交流平台，促进不同文化包容理解。国际综合体育赛事为来自不同国家和地区的运动员及观众提供了文化认知的窗口和文化交流的平台，有助于打破文化隔阂，减少误解和偏见，促进相互理解。杭州亚运会利用数字技术向世界展示了中国美学文化，得到了包括国际奥委会、亚奥理事会等在内的国际组织高度认可。"大莲花""小莲花""大玉琮""杭州伞"等场馆造型，取材自钱江潮的"潮涌"会徽、融入良渚玉琮元素的"薪火"火炬、展现杭州湖山景观的"湖山"奖牌和"青花瓷"礼服，将中华文化元素完美融入其中，让体育赛事充满文化魅力。武术、龙舟、壁球、板球、藤球等多种非奥大项，

充分彰显了亚洲体育的独特魅力与亚洲地区的文化特色。2023年，来自113个国家和地区的共6500名运动员参加成都大运会，[1]其间先后举办"青春绽放"人文交流活动、全球Z世代体育论坛、博物馆文创大集等活动，有效推动各国和地区青年深化交流、增进友谊，向世界展示了中国文化，令外国友人印象深刻、流连忘返。

携手联办单项赛事及文化活动，共同践行人文价值理念。单项赛事活动的筹办更加灵活，也更具文化特色，演变至今已成为平等、团结、开放、包容、合作、绿色等价值理念的传承载体，以及深化中外交流互鉴的公共平台。2023年，北京、上海等城市举办了中国网球公开赛、北京马拉松、国际雪联单板及自由式滑雪大跳台世界杯赛、国际滑联系列赛、国际雪车联合会雪车世界杯、环西自行车中国挑战赛、北京国际风筝节、国际山地徒步大会、国际帆船赛等各级各类国际赛事，演绎了许多和谐、和睦、和美的动人故事，诠释了以赛会友、互学互鉴的体育运动精神。由国家体育总局策划组织实施的"中华体育精神颂"项目2023年7月在京启动，先后举办了成都大运站、杭州亚运站、清华大学站、十四冬站等系列活动。活动以体育文化为媒，荟萃中国体育风采，讲好中国体育故事，助力体育强国建设；活动以现代化呈现方式和全球化传播视野，展现了可信、可爱、可敬的中国形象，助力提升国家文化软实力和中华文化影响力。

---

1 《113个国家和地区的6500名运动员参加成都大运会》，央视网，https://news.cctv.com/2023/07/28/ARTIJPY38oRVEE8Jj9vZTmZf230728.shtml#:~:text=%E6%8D%AE%E4%BB%8B%E7%BB%8D%EF%BC%8C%E6%9C%AC%E5%B1%8A%E5%A4%A7%E8%BF%90%E4%BC%9A%E5%85%B1。

体育交流延伸价值凸显，助力多边外交与商务合作。依托大型赛事开展主场外交、拓展多边合作具有天然优势，能够为政府间、企业间的交流合作创造机会，为多边经济合作提供新的增长点，为聚焦全球性议题展开对话和合作搭建平台。2023年，杭州亚运会、成都大运会期间，中国领导人与多个国家的领导人进行了重要会晤，深化双边多边合作事宜。9月，"一带一路"国家驻华使节自行车系列赛在广西贵港举办期间，就有来自老挝、柬埔寨、新加坡、印度尼西亚、澳大利亚、巴基斯坦、英国等国家的驻华使节，在共建"一带一路"多边合作框架下开展体育人文交流和多边商务洽谈，充分发挥了国际赛事的延伸价值，巩固了团结合作、互利共赢的共识理念。

二、新特点与新趋势

在全面解析2023年度中外文化交流在多个领域主要成效的基础上，可以发现在交流主题、方式、主体、载体、平台等方面，正在出现一系列值得关注的新特点与新趋势。

1. 文化大国肩负新责任，文化遗产保护将更得力

文化遗产保护传承是全人类的共同责任。2023年，各国携手推进世界文化遗产的申报、修复与研究工作，倡导遗产保护与传承的国际合作，分享保护经验与技术，使之成为中外文化交流最鲜明的议题。中国提出设立国际标准化组织文化遗产保护技术委员会并于2024年3月正式获批，秘书处落户故宫博物院。这是国际标准化组织自1947年成立以来在全球文化遗产保护领域设立的首个技术委员会，目前共有31个参与成员国、13个观察成员国，将进一步加强全球文化遗产保护交流合作。6月，由中国国家博物馆与冲突地区遗产保护国际联盟（ALIPH）共同主办的"守护与重光"展览，全景呈现世界濒危文化遗产现

状，呼吁凝聚全球文化遗产保护共识。9月，中国申报的"普洱景迈山古茶林文化景观"，被成功列入《世界遗产名录》，"普洱景迈山古茶林文化景观"也成为全球首个茶主题世界文化遗产，向世界展示了"活态"文化遗产保护的"中国理念"和"中国案例"。9月，中国与联合国教科文组织合作设立遗产保护信托基金项目，帮助非洲提升遗产保护和申报能力。

当前，许多珍贵文化遗产依旧面临着损坏和消失的风险，围绕世界文化遗产保护的跨国联合行动将日益重要而紧迫。2024年7月27日，在印度新德里召开的联合国教科文组织第46届世界遗产大会通过决议，将"北京中轴线——中国理想都城秩序的杰作"列入《世界遗产名录》。至此，中国世界遗产总数达到59项，文化保护与传承的责任更加重大。面向未来，中国将不断维护世界文化的多样性，促进文化交流永续不绝，也期待各国能聚焦重点主题达成共识，在联合国教科文组织、国际标准化组织、亚洲文化遗产保护联盟等国际组织框架中通力合作，采取国际合作和跨领域的策略来保护和保存属于全人类的文化财富，为后代呵护好文明百花园中的万紫千红。

2. 人际交流成为新热点，各国人民友谊将更牢固

随着全球化的深入发展及信息技术的飞跃，中外文化交流的社交化趋势愈发明显。一方面，面对面的人际交流重现繁荣，越来越多的外国友人愿意来中国走一走、看一看。例如，在千年瓷都景德镇，年轻的"洋景漂"群体愈发壮大。最新的官方媒体数据显示，截至2023年11月，外地到景德镇做陶艺的年轻人超过了6万，并且每年有超过5000多"洋景漂"在当地创作、

学习、办展、生活甚至落户。[1]另一方面，抖音、小红书、微博、Instagram、YouTube等社交媒体平台，为构建跨越国界的虚拟人际网络创造了条件。据统计，2023年全球社交媒体用户数量已超过50亿，占全球人口的62.3%，同比增加了2.66亿人，年增长率为5.6%。[2]中外文化交流通过社交媒体上的"文化博主"得到有力推动，而社交化的文化交流模式，不仅促进了信息的即时共享，更加深了不同文化间的相互尊重和理解，成为国际交往的新趋势。

展望未来，随着签证政策的优化和人员往来的便利化，中外民间交往将更加频繁，为各国人民之间的友谊和互信打下坚实基础。中国将举办更多文化节、艺术节、艺术展览等活动，吸引外国游客来华体验中国文化。比如2024年是中国—东盟人文交流年，双方共同举办了一系列文化交流活动，促进了民心相通和文明交流互鉴。同时，随着各国教育部门越来越重视跨文化教育，中外教育合作也将继续深化。可以预期学生交流、教师互访、合作办学等将会更加蓬勃发展，为培养具有全球视野和跨文化交际能力的人才提供宏大平台。我们坚信，未来将见证更多跨国交流品牌活动和精品项目，更加夯实中外友好的民意基础。

3."Z世代"担当新主力，未来全球朋友圈将更年轻

随着"Z世代"（即出生于1995年至2009年的一代人）逐

---

1 《五千"洋景漂"剪影：住城中村、跟大爷砍价、吃苍蝇馆子、上淘宝开店》，《南方都市报》，https://new.qq.com/rain/a/20231106A06HT800。
2 数据来源：咨询机构Kepios和数据机构GWI的统计结果。

渐成长为社会的中坚力量，其开始以独特的视角、创新的思维和开放的态度拥抱多元文化，并逐渐成为中外文化交流的新主力。这一群体善于运用新技术、新媒介，通过创作跨文化艺术作品、发起网络文化活动、参与国际志愿者项目等方式，更加生动直观地展现本国文化特色，积极架设连接不同文化的桥梁。媒体交流方面，在以B站为代表的视频分享平台上，大量由"Z世代"创作的跨文化内容受到热捧，播放量动辄上亿。抖音国际版（TikTok）上推介各国文化特色和生活体验的大博主，同样吸引了海量各国年轻粉丝的点赞和评论。中国科幻电影《流浪地球》系列、原创游戏《原神》等文化产品更是受到许多外国"Z世代"的喜爱。现实交往方面，"Z世代"积极参与国际志愿者活动以及跨国电竞、体育交流等形式多样的社交互动和文化体验。教育交流方面，越来越多的"Z世代"通过留学、交换项目、学术合作等方式，到不同国家学习和交流，或是通过在线课程打开跨国文化交流的大门。旅游交流方面，"Z世代"是最愿意借助这一方式了解世界、结交朋友的群体。这些新趋势，展现了年轻一代在文化交流中的蓬勃生机与无限潜力。

在全球化日益加深的背景下，国际青年作为社会发展的新兴力量，在推动中外人文交流方面前景广阔。2023年6月，来自超过60个共建"一带一路"国家的约100名青年来华参加2023一带一路青年创意与遗产论坛，围绕"青年参与促进文化多样性与包容性"主题，积极研讨交流，凝聚友谊。2024年7月，来自中国、美国、荷兰、罗马尼亚、泰国等28个国家和地区的1000余名各界嘉宾和青年代表参加了2024国际青年交流大会暨中美青年交流营，为中外青年搭建了深度交流、广泛互动的广阔舞台。展望未来，我们鼓励国际青年"多走动""多串门""多交友",以海外志愿服务、文化交流团、海外研学团等丰富形式,在实践中体验不同文化,增强跨文化交际能力,扩大自己的"国际朋友圈",进一步成为中外文化交流的中流砥柱。

4. 城市交往催生新风尚,城市发展合作将更深入

随着"City Walk"(城市漫步)、"城市特种兵"等现象的兴起,城市作为文化交流媒介的属性逐渐凸显。越来越多"说走就走"的外国友人不远万里来到中国各个城市,不仅探寻文化景观与特色美食,而且体验高铁速度、便捷支付、无人驾驶等现代化成果,重新认识一个文化与科技交织的文明中国。2023年,中国各地省市已与全球147个国家的596个省和1853个城市建立了3019对友好城市(省州)关系。[1] 北京连续两届举办北京文化论坛,邀请中外记者打卡青云胡同、老舍茶馆、首钢滑雪大跳台等活动,使得外国友人更加深入地体验首都文化魅力。一些城市凭借各自的特色,如阿克苏、喀什、和田、吐鲁番等新疆城市的美食,韶关、凉山、大理等景观城市的风光,武汉、泉州、扬州等历史名城的底蕴等,纷纷成为"打卡中国"的热点。而"中国历史""汉服""唐朝"等话题更是推高了西安的城市讨论度。2023年,重庆、潮州成功加入联合国教科文组织创意城市网络,北京、上海、长沙、南京、武汉等现有网络城市通过举办多彩活动,积极探索通过文化创意产业促进城市可持续发展和深入人文交流。2023年,不同机构的报告都反映出中国城市在文化交流方面付出的努力和取得的成果,城市凭借历

---

[1] 数据来源:中国人民对外友好协会,https://cpaffc.org.cn/index/friend_city/index/lang/1.html。

史与文化等外国网民认知中的"记忆点",逐渐成为各国友人来华访问的首要考虑以及文化交流的关键载体。

2024年7月31日,《国际交往中心城市指数2024》报告发布,报告显示:伦敦、巴黎、纽约、香港、新加坡、首尔、北京、东京、马德里、旧金山在国际交往中心城市指数综合排名中位列前十。跨大洲跨区域友好城市交往合作是一种意义非凡的文化交往实践方式,也是推动全球化进程和区域协调发展的重要途径。未来,期待进一步深化全球性的城市交往合作机制,以服务中外民心相通、服务地方经济社会发展需求为宗旨,联动世界城市日、国际旅游节、国际博物馆日、中国品牌日等全球重大节点,增设特别环节或专题活动,不断凸显友城元素与合作议题。我们希望,在全球发展倡议、全球安全倡议和全球文明倡议的指引下,能够推进更多友城"寻搭子""结对子",推动构建城市发展共同体,促进全球友城共享中国式现代化的发展红利。

5. 数字科技拓展新空间,文化交流形态将更多彩

在数字化时代,数字技术有助于打破时空限制,极大地拓展文化交流的形式和内容,使文化交流的范围更广、内容更丰富,产品更具个性化、服务更具精准性,为文化交流带来了前所未有的创新机遇。《中国科协对外民间科技人文交流"十四五"规划(2021—2025年)》明确指出,科技人文交流是增进各国人民友谊、促进国家发展的基础性工作,是国家科技外交及国际科技合作的重要组成部分。2023年,数字科技成为拓展文化传播新空间的重要驱动力。各国纷纷利用虚拟现实(VR)、增强

现实（AR）等先进技术，打造沉浸式文化体验平台，让远在千里之外的观众也能身临其境地感受异国文化的魅力。同时，数字平台的兴起也为文化产品的创作、传播与消费提供了更加便捷高效的途径，促进了文化产业的创新与升级。例如，"数字故宫"项目自上线以来，累计访问量约4000万人次，极大地拓宽了文化传播的边界。此外，人工智能（AI）在文化传播中的应用也日益成熟，如通过AI算法分析用户兴趣，实现文化内容的精准推送，进一步提升了文化传播的效率和效果。通过数字科技的赋能，中外文化交流突破了时空限制，实现了更加广泛、深入、持久的互动与交流。

中国国家数据局2024年7月正式发布的《数字中国发展报告（2023年）》指出，2024年，外部环境依然严峻复杂，数字中国建设任务繁重艰巨，但中国拥有全球规模最大的数字化应用场景、强大的数字基础设施和高素质的数字人才，数字中国发展将进一步提质提速，数字领域国际合作空间将进一步拓展。例如，历经7年打造的国产3A游戏巨作《黑神话：悟空》，通过顶尖的制作技术让深受喜爱的中国传统神话故事焕发出新的活力。可以预见，数字技术将不断推动内容、技术、模式、业态和场景的全方位创新，进一步实现各类文化资源的深度数字化开发、文化数据资源的融通融合，让优秀文化资源借助数字技术"活起来"，更好实现文化的创造性转化和创新性发展。我们期待数字技术能够为中外文化交流的多样业态注入新的活力，使中外文化交流在"指尖"跳动、在"云端"拓展。

结　语

回首 2023，国际社会对中国积极推动中外人文交流给予高度评价，海外政要及国际友华人士在多种场合赞赏中国提出的全球文明倡议。伊朗驻广州总领事侯赛因阿里·达瑞西·穆特瓦丽提到，在丝绸之路发展的数千年历史中，中伊人民在文化、哲学、艺术、音乐等方面持续交流对话，未来两国间需要延续这样的友好交流互动。联合国教科文组织前总干事伊琳娜·博科娃表示，在世界矛盾冲突不断加剧的今天，全球文明倡议为尊重文化多样性、促进不同文明交流互鉴提供了一个很好的解决方案。不仅如此，2023 年，来自美国的约瑟夫·波利希、埃及的伊萨姆·沙拉夫、墨西哥的白佩兰、英国的大卫·弗格森等 10 位国际友人为推进中外文化交流、文明互鉴做出突出贡献，获得中国首届"兰花奖"殊荣。

当前，国际形势依旧复杂多变，地缘政治紧张局势加剧、全球经济复苏不均衡、气候变化与环境问题日益严峻、科技竞争日趋激烈，全球治理体系面临诸多挑战。联合国教科文组织总干事奥德蕾·阿祖莱认为："如果有什么东西将我们聚集起来的话，那就是我们当下的脆弱感和对未来的不确定感。"在各种不确定因素下，促进各国文化交流与文明互鉴的意义更加重大。2024年6月7日，中国提出的设立"文明对话国际日"提议，得到第78届联合国大会协商一致并通过，这正是中国为增进文化之间相互理解、促进文明交流互鉴而做出的积极努力。展望未来，中国作为拥有悠久历史和灿烂文化的国家，将积极倡导并亲身践行全球文明倡议。这一倡议不仅体现了中国对于人类文明多样性的深刻理解和尊重，也展现了中国作为负责任大国的担当和贡献。我们相信，在中外文化交流蓬勃发展的过程中，中国将为不同文明之间的交流与合作搭建更多平台、创造更多机会，努力推动各国共同应对全球性挑战，繁荣世界文明百花园，携手构建人类命运共同体。

NEW CHARACTERISTICS, NEW TRENDS:

Report on China's Cultural Exchanges
With the World (2023)

Abstract

In 2023, President Xi Jinping proposed the Global Civilization Initiative (GCI), which provided guidance and direction for China's cultural exchanges with the world. These exchanges are concrete actions to implement the GCI. The Beijing Culture Forum is one such significant move to strengthen China's cultural exchanges with the international community and to jointly foster cultural development and prosperity.

This Report on China's Cultural Exchanges with the World, which is based on publicly available documents, data, and case studies from various institutions, presents the findings of a study on China's cultural exchanges with other nations in 2023. The report reveals that, these exchanges rebounded rapidly and showed a positive overall trend, while navigating challenges and opportunities, balancing security and development, and prioritizing cooperation and mutual benefit. The scale of such exchanges quickly approached pre-pandemic levels; they also took more diverse forms, adopted more novel approaches, and enabled more profound dialogues, entering a new phase of high-quality development. For instance, the number of cross-border trips in 2023 reached 424 million, marking a year-on-year increase of 266.5 percent, while the "Digital Cultural Silk Road" received widespread acclaim globally. Below is a brief overview of China's cultural exchanges with the world in some key areas, including cultural communication, cultural industries, education, science and technology, tourism, and sports.

1. China's cultural exchanges with the world secured significant achievements in multiple sectors.

Cultural communication became more efficient. In 2023, China expanded its international publishing collaborations, with cultural outreach becoming more attuned to audience needs. By the end of 2023, *Xi Jinping: The Governance of China* had been published in four volumes, translated into 41 languages, and distributed across over 180 countries and regions, being recognized as an "ideological gateway to understanding China". To facilitate the sharing of the wisdom of Chinese culture, major international forums such as the Beijing Culture Forum, the Liangzhu Forum, the Global Forum on Hehe Culture, and the Golden Panda International Cultural Forum were organized. At these events, joint declarations were issued on the preservation of cultural heritage, and participants worked together to advance the GCI, yielding a significant demonstrative impact. Concurrently, modes of cultural understanding and exchanges underwent rapid evolution. Initiatives such as "the Panoramic Palace Museum" digital virtual tour and the "Exploring Dunhuang" virtual reality (VR) immersive exhibition provided overseas audiences with vividly engaging encounters with Chinese culture.

Chinese cultural enterprises engaged in dynamic interaction with their foreign counterparts. In 2023, China's cultural and creative industry clusters expanded their presence in international markets, collaborating with their foreign counterparts for coordinated development. Furthermore, the frequency of Chinese cultural exhibitions overseas and foreign exhibitions in China increased. The Beijing International Book Fair attracted more than 2,500 exhibitors from 56 countries and regions with its distinguished reputation. For the first time, the prestigious Foire de Paris (Paris International Fair) welcomed an official Chinese delegation. To commemorate the 50th anniversary of its inaugural visit to China, the Philadelphia Orchestra presented a concert in collaboration with the China National Symphony Orchestra, which illustrated their enduring friendship spanning half a century. Additionally, numerous overseas cultural products entered the Chinese market, including 78 imported films screened in mainland cinemas, which encompassed all of the top 10 global box office hits.

Education cooperation was upgraded. In 2023, China-foreign educational exchanges swiftly recovered from the impact of the pandemic, and achieved high-level development. International students and faculty returned to campuses, and collaborative education programs gained momentum, with diverse formats emerging. China launched 44 new undergraduate and higher-level China-foreign education cooperation programs and institutions, fostering closer educational cooperation with countries and regions participating in the Belt and Road Initiative (BRI). China also proactively took part in global education governance to strive for an improved ecosystem for global digital education.

Scientific and technological exchanges grew in depth. In 2023, China actively integrated itself into the global sci-tech innovation network, accelerating technology transfer and knowledge sharing. China joined over 200 international organizations and multilateral mechanisms, and participated in nearly 60 major international science programs and projects. According to the Silk Road Chamber of International Commerce (SRCIC), more than half of its 218 organizational members from 82 countries worldwide expressed their interest in participating in the development of the "Digital Cultural Silk Road".

Cross-border tourism rebounded. In 2023, the continuous implementation of policies facilitating cross-border travel sparked a surge in foreign tourists visiting China and strengthened friendship and trust between Chinese and foreign citizens. The number of inbound and outbound tourists in China exceeded 190 million, with Chinese tourists' expenditure abroad reaching an impressive US$196.5 billion. Consequently, "China Travel" emerged as a prominent global tourism trend. The 2023 China International Travel Mart attracted tourism promotion agencies and related enterprises from over 70 countries and regions, receiving universal praise for its immersive experiences showcasing intangible cultural heritage.

Sports events facilitated exchanges. In 2023, China actively hosted and co-hosted a wide range of international comprehensive and specialized sports events, thereby promoting cross-cultural understanding. The 19th Asian Games Hangzhou, Chengdu FISU World University Games, International Skating Union Series, and international sailing competitions received enthusiastic responses from countries around the world, and set the stage for numerous heartwarming stories of peace, harmony, and friendship.

2. China's cultural exchanges with the world exhibited new characteristics and trends in 2023.

In 2023, China's cultural exchanges with the world exhibited new characteristics and trends in various aspects, including themes, forms, participants, platforms and channels.

As a country strong in culture, China shouldered new responsibilities and played a stronger role in protecting cultural heritage. In 2023, countries joined hands to facilitate the bidding for, restoration of, and research on world cultural heritage, making international cooperation on cultural heritage protection a predominant aspect of China's cultural exchanges with the world. The Cultural Landscape of Old Tea Forests of the Jingmai Mountain in Pu'er was successfully inscribed on the World Heritage List, becoming the world's first tea-themed cultural heritage site. Looking to the future, China will continue to uphold global cultural diversity and it also anticipates countries to work together under the framework of major international organizations to jointly protect and preserve the shared cultural wealth of all humanity.

People-to-people exchanges became a new hot topic, strengthening friendship between nations. In 2023, China's cultural exchanges with the world exhibited a new feature—they are more social media facilitated. This approach facilitated instantaneous information sharing while deepening mutual respect and understanding between Chinese and foreign cultures. Looking ahead, people-to-people exchanges between China and other countries will become more frequent, and social media driving cultural exchanges became a new trend in international exchanges. More multinational cultural tourism brand events and high-quality cross-cultural educational projects will further bolster public support for China-foreign friendship.

"Generation Z" became major players, making the global circle of friends younger. In 2023, Gen-Z youths, adept at using new technologies and media, built a bridge between Chinese and foreign cultures through creating cross-cultural artistic works, organizing online cultural activities, and participating in international volunteer programs. Looking to the future, young people from around the world will play an increasingly important role in promoting China's cultural exchanges with the world, injecting youthful dynamism into its international friend circles.

Inter-city exchanges gave rise to new trends, deepening urban development cooperation. In 2023, cities increasingly acted as conduits for cultural exchanges, fostering vibrant cultural interactions between Chinese and foreign communities while serving as hubs for mutual learning between civilizations. An increasing number of foreign visitors traveled great distances to cities across China to explore its cultural landmarks and unique cuisines, all the while experiencing modern achievements such as high-speed rail, convenient mobile payments, and autonomous driving. Through these immersive experiences, they gained a renewed understanding of China's magnificent civilization where culture seamlessly intertwines with technology. Looking ahead, sister cities and cooperation will feature high on the agenda of China's global cultural exchanges. More Chinese and foreign cities will seek partners and form pairs to jointly build a global community with a shared future for urban development.

Digital technology expanded new frontiers, making cultural exchanges more diversified in forms. In 2023, digital technologies such as VR and augmented reality (AR) offered panoramic and immersive cultural experiences, enabling audiences thousands of miles away to feel the charm of foreign cultures as if they were physically present. Looking ahead, digital technology will further drive comprehensive innovation in content, technology, models, business formats, and scenarios, creating unprecedented opportunities for cultural exchanges.

Conclusion

In the year of 2023, the international community highly commended China for its active promotion of international cultural exchanges and the GCI it put forward. Additionally, 10 foreign friends who made outstanding contributions to cultural exchanges between China and the world were honored with the inaugural Orchid Awards in China. Currently, amid complex and volatile geopolitics and increasing uncertainties in global governance, cultural exchanges and mutual learning among different cultures are even more important. On June 7, 2024, the resolution proposed by China on establishing the "International Day for Dialogue Among Civilizations" was unanimously adopted by the 78th session of the United Nations General Assembly. This proposal reflects China's efforts to enhance mutual understanding between cultures and promote exchanges and mutual learning among civilizations. Looking ahead, China will continue to actively advocate and implement the GCI, creating more platforms and opportunities for exchanges and cooperation between different cultures. China will push for global efforts to address challenges confronting humanity, add to the diversity of world civilizations, and work together with other countries to build a global community of shared future.

Preface

Since officially introduced in 2023, Xi Jinping Thought on Culture serves as a fundamental guideline for China to continue promoting cultural prosperity, building up cultural strength, advancing modern Chinese civilization, and promoting exchanges and mutual learning among civilizations from a new historical starting point in the new era. Under this guiding thought, the Communist Party of China (CPC) has actively led the people in championing the shared values of humanity, fostering exchanges and mutual learning among civilizations, and contributing wisdom and strength to addressing global challenges and advancing human civilization.

Cultural exchange is a crucial condition for the progress of human civilization and an inherent requirement for promoting cultural diversity. The Global Civilization Initiative (GCI) proposed by President Xi Jinping in 2023 provides guidance and direction for cultural exchanges between China and other countries. Such exchanges are concrete actions to implement the GCI, reflect China's commitment to dialogue and mutual understanding among civilizations, and are essential for building a global community of shared future.

In 2023, the world experienced rapid and profound changes unprecedented in the past century, with an increasingly turbulent and volatile international landscape. Under the guidance of head-of-state diplomacy, with a focus on implementing the Global Development Initiative (GDI), Global Security Initiative (GSI), and the GCI, cultural exchanges between China and other countries pressed forward with resilience and hope.

A series of diplomatic interactions in 2023 demonstrated China's commitment to peaceful development and deepening friendship and cooperation. Chinese leaders held virtual meetings with political party leaders from various countries and planted friendship trees with leaders of five Central Asian countries. In addition to his meeting with former U.S. President Joe Biden in San Francisco and his visit to Vietnam, President Xi talked with President Vladimir Putin during his state visit to Russia and attended the 15th BRICS Summit following his state visit to South Africa. President Xi and French President Emmanuel Macron even enjoyed a Guqin performance of the melody *High Mountains and Flowing Water* in China. All these activities have provided valuable opportunities for cultural exchanges.

Thanks to China's mediation, Saudi Arabia and Iran reached an agreement to restore relations. Similarly, in other major international issues such as the Israel-Palestine conflict and the Ukraine crisis, China took the initiative to mediate and facilitate dialogue, fulfilling its responsibility in maintaining world peace and resolving regional conflicts, and creating a safer enviornment for cultural exchanges.

As the Belt and Road Initiative (BRI) marked its tenth anniversary in 2023, the successful convening of the third Belt and Road Forum for International Cooperation in Beijing ushered in a new phase of high-quality development for the initiative. This reflected the immense appeal and international influence of the BRI as a global public good and further strenghened the foundation for cultural exchanges.

The official launch and implementation of the GCI provided a clear direction for promoting equality, mutual respect, trust, solidarity, and harmonious coexistence among civilizations. It also injected powerful positive energy into the development of human civilization and modernization, offering strong guidance for cultural exchanges between China and other countries.

In 2023, in the face of challenges and opportunities, while balancing security and development and focusing on cooperation and mutual benefit, cultural exchanges between China and other countries exibited new characteristics and trends.

To gain a better understanding of the many new characteristics and trends, the Academy of Contemporary China and World Studies (ACCWS) under the China International Communications Group (CICG) conducted in-depth research based on publicly available data from institutions such as the Ministry of Foreign Affairs, the Ministry of Education, the Ministry of Science and Technology, the Ministry of Culture and Tourism, and the General Administration of Sport of China. The survey focused on various fields, including communication, cultural industry, education, technology, tourism, and sports, to identify trends and characteristics in terms of themes, formats, participants, channels, and platforms for the exchanges with an eye to the future.

We hope that this report will contribute to greater progress and effectiveness in cultural exchanges between China and other countries, and we are committed to making positive efforts toward this goal. As President Xi stated in his congratulatory letter to the 2023 Beijing Cultural Forum, China will strengthen cultural exchanges with the rest of the world, jointly promote cultural prosperity and development, protect cultural heritage, facilitate exchanges and mutual learning among civilizations, and implement the GCI, thereby injecting profound and lasting cultural strength into building a global community of shared future.

I. Achievements in multiple sectors

In 2023, China's cultural exchanges with other countries showed a rapid recovery and embarked upon a positive trajectory. The following new characteristics can be observed in the fields of cultural communication, cultural industries, cooperation in education, science and technology, cross-border tourism, and sports events.

1. More efficient and innovative cultural communication

In 2023, the deep integration of culture and media gave rise to new models of cross-cultural communication which not only have enhanced efficiency and innovated approaches, but also expanded globally to foster connections through culture. They have become new means for telling China's stories, a fresh window for showcasing Chinese culture, and a new bridge for promoting mutual understanding and exchanges among cultures.

1) International collaboration in publishing

By the end of 2023, *Xi Jinping: The Governance of China* had been published in four volumes, translated into 41 languages, and distributed across over 180 countries and regions, being acclaimed as an "ideological gateway to understanding China."[1] In the meantime, China had fully resumed its participation in international book fairs, hosting guest-of-honor events and promoting the exhibition of high-quality titles at the London Book Fair, the Frankfurt Book Fair and beyond. Through flagship programs such as the programs to translate classics from and into Chinese, the Classic China International Publishing Project, and the Silk Road Book Project, China had advanced the translation and publication of high-quality books in Chinese and other languages to facilitate cultural exchanges and mutual understanding.

At the 2023 Beijing International Book Fair, the International Cooperation Publishing Mechanism for China-Themed Books expanded its membership, welcoming six new Chinese members, including the Shanghai Century Publishing Group and the Zhejiang Publishing United Group, as well as 12 new international members, such as Poland's Marszałek Publishing Group and Spain's Group Planeta. This has further broadened the network of international publishing cooperation.

CICG launched several cultural series, including *Keywords to Understand China*, *Library of Chinese Classics*, and *The Monkey King Series*, along with popular cultural titles such as *The Art of War*, *Antologia da Poesia Clássica Chinesa: Dinastia Tang*, *5000-Year Comparisons of Chinese*

---

1 http://www.xinhuanet.com/politics/leaders/20240712/a9aef5c24d8a464f9035212245b21b7b/c.html

and Foreign Civilizations, and *Dunhuang*. These works are disseminated through multilingual, multimedia, and varied formats, driving continuous innovation and development in international publishing.

In 2023, Giray Fidan, a Turkish sinologist devoted to translating *The Art of War*, visited China multiple times for academic dialogue and cultural exchange activities. He expressed his gratitude for the rich platforms for dialogue provided by China for global scholars and sinologists, stating, "Promoting cultural exchanges and mutual understanding is more important now than ever."

2) International communication more attuned to audience needs

In 2023, over a dozen provincial-level international communication centers were established, each aiming to enhance cultural exchange and mutual understanding based on their unique strengths and cultural characteristics. The Yunnan International Communication Center for South and Southeast Asia (YICC) is developing itself into a platform for cultural and people-to-people exchanges directed at the related regions, striving to tell the vibrant story of beautiful China and colorful Yunnan.

The Henan International Communication Center launched the "Amazing Oracle Bone Scripts" promotional project, organized the "Love Henan·Travel to the Central Plains" cultural exchange event under the theme of "Oracle Bone Scripts" and "Yellow River" to attract more foreign tourists.

In Guangxi Zhuang Autonomous Region, cooperation in film and television with ASEAN countries has flourished. In addition to establishing translation and dubbing workstations in countries like Laos and Myanmar,

Guangxi also lauched programs such as *China Theater* and *Chinese Animation* on numerous television stations across ASEAN countries, promoting popular dramas like *Nirvana in Fire*, *Minning Town*, and *Dream of the Red Chamber*, as well as documentaries like *If Treasures Could Talk* and *Things You Didn't Know About China*. These efforts have built a solid bridge for cultural exchanges.

International film and television products have gained immense popularity in China. According to the an annual report on the Chinese film market, a total of 78 imported films were screened in Chinese mainland cinemas in 2023, including all of the Top 10 global box office hits. Titles like *Suzume* and *The First Slam Dunk* broke box office records for Japanese films in the country, delivering a cultural impact in the realm of anime to the Chinese audience.

3) Technological innovation for communication efficiency

The rapid development of information technologies such as 5G, artificial intelligence (AI), and VR is profoundly transforming the international media ecosystem, methods of information dissemination, and forms of cultural exchanges. The application of intelligent technologies has become an effective means of showcasing cultural charm and enhancing communication effectiveness.

In 2023, numerous innovative explorations in cultural experience and communication emerged. In April, the Palace Museum launched "the Panoramic Palace Museum" digital virtual tour, providing a 720-degree spatial image to meet the online visiting needs of audiences.

In May, the Civilization in Archaeology—Digital Art Exibition of Exploration of the Origins of Chinese Civilization employed digital technology to present 10 key archaeological sites from the national major archaeological project—Origins of Chinese Civilization Project, allowing international audiences to immerse themselves in the civilization and appreciate the beauty of cultural relics up close.

In September, the "Exploring Dunhuang" VR immersive exhibition and the "Digital Library Cave" were officially inaugurated, offering both domestic and international visitors vividly engaging encounters with Chinese culture.

2. More dynamic international cultural industry cooperation

In 2023, China's cultural industry actively promoted itself overseas and engaged in international cooperation. By innovating collaborative models, it integrated into the international market and contributed to the prosperous development of the global cultural industry.

1) Exhibitions on Chinese culture as powerful brands

Various exhibitions and displays on Chinese culture held throughout the year became powerful brands and showcased significant demonstrative effects. To facilitate global sharing of the wisdom of Chinese culture, the 2023 Beijing Culture Forum, the Liangzhu Forum, the 2023 Global Forum on Hehe Culture, and the 2023 Golden Panda International Cultural Forum were organized. At these events, joint declarations were issued on cultural heritage conservation, and participants worked together to advance the GCI, yielding a significant demonstrative impact.

In June 2023, the first Forum on Building up China's Cultural Strength was held in Shenzhen, coinciding with the opening of the 19th China (Shenzhen) International Cultural Industries Fair. The two events highlighted the latest achievements in cultural industry from various parts of China.

Cultural exhibitions and events held overseas were also well received. The Ministry of Culture and Tourism of China continued to develop brand activities like "Happy Spring Festival," "Tea and the World" gatherings, and "Cultural Silk Road" initiatives abroad. For the first time, the prestigious Foire de Paris (Paris International Fair) welcomed an official Chinese delegation, headed by CICG, who also hosted the "SOUFFLE D'ORIENT: Exposiiton Thematique sur la Culture Chinoise" exhibition. The exhibition received high praise from the French cultural community and was warmly welcomed by the French public, earning the prestigious Gold Medal in honor of the 120th anniversary of the Foire de Paris.

There were also cultural events on more specific themes, such as Zhejiang's "Belt and Road" International Tea Culture Festival and Guangdong's "Maritime Silk Road International Arts Festival," each forming distinctive platforms for cultural exchanges.

Additionally, China actively brought in overseas exhibitions and cultural performances to promote mutual cultural learning with other countries. For example, to commemorate the 50th anniversary of its 1973 China tour, the Philadelphia Orchestra presented a special concert in collaboration with the China National Symphony Orchestra, which illustrated their enduring friendship spanning half a century. The Uffizi Galleries staged the Self-Portrait Masterpieces from the Uffizi Galleries

Collections exhibition at the National Museum of China, and the Shanghai Museum partnered with the National Gallery, London to present the exhibition Botticelli to Van Gogh: Masterpieces from the National Gallery, London, the second in the A Dialogue with the World exhibition series.

2) Chinese cultural products gaining popularity in overseas markets

Chinese cultural products have made their way into global markets, and won positive feedback from overseas consumers. After years of development, the export of Chinese cultural products has grown in scale, expanded in reach, and broadened in topics covered, making them vital carriers of Chinese culture.

In 2023, the 29th Beijing International Book Fair attracted approximately 2,500 exhibitors from 56 countries and regions, and showcased over 200,000 titles from around the world.[1] The fair not only highlighted the publishing achievements of the past decade and the outcomes of the 20th National Congress of the CPC, but also presented high-quality foreign-language books representing the cultural achievements of other nations, facilitating dialogue and exchanges among civilizations.

In the realm of online literature, the *China's Online Literature Overeas Report in 2023* revealed that the market revenue for Chinese online literature continued to grow, reaching 38.3 billion yuan ($5.38 billion), a year-on-year increase of 20.52 percent. The total number of Chinese online literary works available abroad (including original works from online

---

1 http://www.xinhuanet.com/book/20230618/a6550043a5ac4148812fd0841a8ace63/c.html

platforms) was approximately 695,800, reflecting a 29.02 percent growth compared to the previous year. In the Middle East and Africa, Chinese online literature had emerged as a dynamic force in cultural exchanges.

Chinese film and television products have also garnered widespread acclaim in international markets. According to the *Report on the Export of Costume Dramas* released in 2023 by Youku, Chinese historical dramas had been translated and dubbed into 16 languages, including English, Thai, Vietnamese, Spanish, and Arabic, and had reached over 200 countries and regions globally through overseas television networks and multinational new media platforms. Notable Chinese films such as *The Wandering Earth II*, *Creation of the Gods I*, and *One and Only* had been screened in more than 50 countries and regions and received strong responses in countries like the UK, France, and Thailand, setting multiple records in the overseas Chinese film market.

3) International cultural industry cooperation continuing to deepen

Cultural and creative industry partnerships represent an innovative approach for China to promote cultural exchanges and foster mutual understanding among civilizations. In 2023, China's cultural and creative industries demonstrated notable characteristics such as market expansion, field diversification, technological innovation, and a global presence. The industries advanced in clusters with a dynamic, outward focus, reaching Southeast Asia, North America, Europe, Africa, and other regions.

Following previous successes with licensing, translation, and format exports, Chinese cultural and creative enterprises actively sought international platforms for collaboration, entering a new phase of "global co-creation of IP" and contributing to a new ecosystem for cultural and creative products overseas. For instance, Yuewen Group established in-depth partnerships in publishing, animation, and audio-visual content with industry leaders such as Penguin Random House and licensed numerous works for publication worldwide. Similarly, WebNovel's WebNovel Spirity Awards (WSA) actively cultivated a new generation of international original online literature writers.

3. Resumed and upgraded international cooperation in education

In 2023, with the COVID-19 pandemic control measures lifted, international educational exchanges and cooperation rebounded swiftly and showed promising trends of high-quality development. China, committed to enhancing the scale and quality of joint education programs with partner schools and universities in other countries, is actively contributed to an open, innovative global education ecosystem through initiatives in digital education cooperation and global education governance.

1) International students back on campus

International students and faculty have returned to campuses, sparking renewed enthusiasm for collaborative education in various forms. Education cooperation plays a vital role in cross-cultural exchanges, with numerous Chinese universities and their international partners establishing joint institutions and programs that offer international students opportunities to study and experience Chinese culture. In 2023, international students and teachers flocked back to Chinese campuses and the order of joint education programs was rapidly restored. Interest in joint education programs remained strong, with 44 new joint programs and institutions added at the undergraduate level and above. In particular, China's cooperation in education with other countries and regions under the framework of the BRI grew closer and adopted diverse and flexible formats. From Confucius Institutes and Luban Workshops to "clients' order-based" vocational classes, these initiatives provided growth opportunities for countless young people from China and abroad, infusing cross-cultural exchanges with fresh, youthful energy.

2) Rapid development in digital education

China's digital education sector has been rapidly advancing and actively contributing to the improvement of the global digital education ecosystem. Following years of dedicated efforts, China's education digitization has achieved significant results. As of 2023, all Chinese schools had access to the Internet, and 99.5 percent of primary and secondary schools were equipped with multimedia classrooms, positioning China among the world's leading nations in digital education.[1]

The Smart Education of China, a national smart education public service platform, launched by China and granted the UNESCO King Hamad Bin Isa Al-Khalifa Prize for the use of ICT in education, has become the world's largest repository of educational resources and

---

1 http://edu.people.com.cn/n1/2023/0209/c1006-32620688.html

is widely used by learners in many countries. At the World Digital Education Conference in February 2023, China unveiled several key outcomes: the *China Smart Education Blue Book*, the China Smart Education Development Index, and the Standards for Smart Education Platforms. These resources provided the international community with a comprehensive overview of China's progress in education digitization. At the conference, China also proposed an initiative to deepen international cooperation in digital education to build an open, inclusive, and secure global digital education ecosystem.

As a practical outcome of the initiative, the ASEAN-China Digital Education Alliance was officially established in August, marking a new step toward fostering an inclusive, high-quality partnership in education between China and ASEAN countries.

3) China's active role in global education governance

China has been actively engaged in global education governance and committed to building high-level education cooperation platforms. In 2023, through active participation in UNESCO and other international educational organizations, China sought to establish high-end global education cooperation platforms and contributed its own strategies to global education governance. The Chinese government, universities, and civil organizations have been actively involved in global education governance initiatives.

For instance, China serves as a member of the SDG4-Education 2030 High Level Steering Committee, and has increased the number of Great Wall Program (scholarships), and launched an international version of its national smart education platform. Specific initiatives include the UNESCO-Peking University Joint Project on Health Education for Girls in Africa and UNESCO-Beijing Normal University's dedicated trust fund to support digital technology education for African girls and women.

A notable milestone was reached at UNESCO's 42nd Session of the General Conference, where a resolution was passed to establish the UNESCO International Institute for STEM Education (IISTEM) in Shanghai, the first Category 1 Institute of UNESCO to be established in China. This not only reflects recognition of China's role in global education governance, but also assigns China greater responsibility for advancing cross-border STEM education cooperation and improving the global education ecosystem.

4. International sci-tech cooperation for mutual benefits

In 2023, AI began profoundly transforming how humans work and interact. Embedded applications of generative technologies like ChatGPT have significantly boosted the efficiency of international collaboration, while the spread of VR, augmented reality (AR), and metaverse technologies has enriched forms of cultural exchanges between China and other countries. Extensive technological cooperation between China and other countries has become a crucial pillar for promoting cultural exchanges and fostering mutual understanding among civilizations.

1) Accelerated technology transfer and knowledge sharing

In 2023, China actively integrated itself into the global sci-tech innovation network and the global technology governance system. In so doing, its space for international technological cooperation was expanded and its technology transfer and knowledge sharing were accelerated. By October 2023, China had joined over 200 international organizations and multilateral mechanisms and engaged in nearly 60 major international science programs and projects, with its contributions and influence within these organizations significantly increasing.[1]

China also took proactive steps to build platforms for technology exchange and knowledge sharing. The inaugural Belt and Road Conference on Science and Technology Exchange brought together representatives from more than 80 countries, regions, and international organizations to exchange experiences in technological innovation. The Belt and Road Forum on Academic and Industrial Cooperation provided opportunities for universities, research institutions, businesses, and industry associations from participating countries to collaborate.

The Belt and Road Science, Technology and Innovation Cooperation Action Plan launched by China consists of four initiatives: the Science and Technology People-to-People Exchange Initiative, the Joint Laboratory Initiative, the Science Park Cooperation Initiative, and the Technology Transfer Initiative. By the end of 2023, China had set up over 50 Belt and Road joint laboratories, supported more than 10,000 young scientists from Belt and Road countries in conducting research and exchanges in China, and trained over 15,000 international technical personnel, thereby establishing a preliminary Belt and Road technology transfer network.[2]

---

[1] http://paper.people.com.cn/rmrbhwb/html/2024-06/28/content_26065988.htm
[2] https://epaper.gmw.cn/gmrb/html/2022-11/19/nw.D110000gmrb_20221119_1-06.htm

In fields critical to the well-being of all humanity, such as climate change, energy, environment, agriculture, and health, China has actively shared technological innovations with other countries.

2) Rapid progress of digital economy

China has been actively advancing its digital economy and advocating for the joint development of the "Cultural Digital Silk Road." Recognizing the importance of the digital economy, China has become one of the world's leading countries with the fastest-growing and most mature digital economy. As of October 2023, China had established over 1.7 million 5G base stations, accounting for more than 60 percent of the global total.[1] Emerging applications, including those for e-commerce, e-government, and short videos, are not only transforming the way Chinese people work and live, but also contributing to economic efficiency and quality of life worldwide.

China's proposal of the "Cultural Digital Silk Road" combines online and offline initiatives and utilizes a "digital tech + culture and arts" model to better conserve and pass on cultural heritage of various countries. This approach provides a major platform for international cultural exchanges and mutual learning among civilizations. The initiative has received widespread support from partner countries. According to the Silk Road Chamber of International Commerce (SRCIC), as of March 2023, more than half of its 218 organization members from 82 countries worldwide had expressed their interest in participating in the development of the

---

1 https://www.cssn.cn/skgz/bwyc/202310/t20231020_5691592.shtml

"Digital Cultural Silk Road."[1]

3) Expanding sci-tech exchanges

China has expanded its international sci-tech exchanges and largely established a new framework for open collaboration in science and technology. In the face of a new wave of sci-tech revolutions and industrial transformations, collaborations in science and technology between China and other countries has grown closer, expanded into more areas, and moved towards clearer directions. In 2023, China engaged in sci-tech exchanges with other countries by hosting a range of international conferences and events, including the 2023 Zhongguancun Forum, the sixth China-Singapore International Science and Technology Exchange and Innovation Conference, and the first Belt and Road Conference on Science and Technology Exchange.

As of October 2023, China had established sci-tech cooperation relationships with 161 countries and regions and signed 117 intergovernmental agreements on sci-tech cooperation. Together with other countries, China engaged in practical collaboration across various fields, including climate change, clean energy, and life sciences, creating a multi-layered, comprehensive, and wide-ranging framework for open collaboration in science and technology.[2]

In December 2023, during the inaugural Belt and Road Conference on Science and Technology Exchange, China put forward the "International Science and Technology Cooperation Initiative," calling for efforts to

---

1 http://lianghui.people.com.cn/2023/n1/2023/0310/c452473-32641324.html
2 http://paper.people.com.cn/rmrbhwb/html/2024-06/28/content_26065988.htm

develop science for the benefit of all regardless of borders and jointly build a global science and technology community.

5. Cross-border tourism and mutual trust among peoples

In 2023, tourism markets in China and the world quickly rebounded from the impacts of the COVID-19 pandemic. China introduced multiple policies facilitating cross-border travel and held more cultural and tourism exhibitions and programs. The deep integration of culture and tourism contributed to both the prosperity of the global tourism industry and the recovery of the global economy.

1) Strong recovery of cross-border tourism

Since 2023, the Chinese government has been easing its visa and entry policies for foreign nationals, including measures like visa-free access for citizens of eligible countries, mutual visa exemption agreements with countries like Singapore and Thailand, simplified visa application forms, reduced visa application fees, fingerprint exemptions for eligible applicants, removal of visa appointment requirements, simplified procedures for studying in China, and a 72/144-hour visa-free transit policy for eligible countries. These measures greatly facilitated cultural exchanges between China and other countries and accelerated the rapid recovery of cross-border tourism.

According to a report by the UN Tourism, Chinese tourists spent $196.5 billion abroad in 2023, surpassing the United States and Germany, which re-established China as the world's largest outbound tourism spender.[1] Data from the China Tourism Academy also revealed that in 2023, inbound and outbound tourism traffic in China exceeded 190 million trips, marking a growth of over 2.8 times compared to 2022.[2] Today, while "China Travel" has emerged as a prominent global tourism trend, international travel has become a new vacation norm for Chinese citizens.

2) Diverse cultural experiences for tourists

With innovation in mind, China's cultural and tourism integration projects have enriched the cultural experiences for tourists. In 2023, China placed a greater focus on creating unique cultural tourism experiences. Through initiatives like cultural tourism showcases, celebrations of traditional festivals, development of culturally themed scenic spots, and creative cultural products, China offered foreign tourists a more diverse and distinctive range of cultural tourism options.

From the "Village Super League" soccer games in Sanbao Dong Village in Rongjiang County of China's Guizhou province, to sci-fi-themed tourism at Mount Niubei in Sichuan, a wide array of cultural tourism projects provided Chinese and international visitors with a rich variety of cultural experiences. The 2023 China International Travel Mart attracted tourism promotion agencies and related enterprises from over 70 countries and regions, receiving universal praise for its immersive experiences

---

1 https://pre-webunwto.s3.eu-west-1.amazonaws.com/s3fs-public/2024-06/Barom_PPT_May_2024.pdf?VersionId=U7O62HatlG4eNAj.wcmuQG1PMCjK.Yss
2 http://www.xinhuanet.com/fortune/20240211/7829dbac7d934dc0bc145943ff3bf565/c.html

showcasing intangible cultural heritage. The Yunnan Pavilion, for instance, featured over 100 intangible cultural heritage projects from 16 cities, introduced 10 themed heritage tourism routes, and organized interactive heritage activities that were widely welcomed by foreign tourists.

3) Deepening international tourism cooperation and mutual trust

With deepening international tourism cooperation, the bond between China and other nations has been strengthened through people-to-people exchanges. China's introduction of various travel facilitation policies, particularly transit visa exemptions and visa-free access for citizens of eligible countries, has sparked a wave of inbound tourism, fostering friendship and trust between Chinese and foreign citizens. ASEAN serves as a prime example, as several ASEAN countries share borders with China, making them important mutual travel destinations due to geographical proximity.

Tourism cooperation is a vital aspect of China-ASEAN cultural exchanges. Since 2023, flights between China and Southeast Asian tourist cities fully resumed, and Singapore, Malaysia, and Thailand granted visa-free access to Chinese tourists. Nearly all Southeast Asian airports and tourist sites features Chinese signage, making travel easier for Chinese visitors. By enhancing cultural exchanges and cooperation, these measures significantly advanced the building of a closer China-ASEAN community with a shared future.

Former Belgian Prime Minister Yves Leterme expressed strong approval of China's visa-free policy for five EU countries, seeing it as a very positive development and hoping that the entire Schengen area would eventually receive similar treatment from China. Patricia Flor, Ambassador of Germany to China, described China's visa-free measures as "unprecedented," highlighting the convenience they brought to German citizens. As Chinese travelers feel a warm welcome abroad, foreign visitors also experience greater convenience when traveling to China.

6. Sports events as platforms for cultural exchanges

Sports serve as a universal language that transcends borders, and sporting events are essential platforms for global cultural exchanges and the celebration of athletic spirit. In 2023, China took an active role in hosting and organizing various international sporting events, significantly contributing to the promotion of shared human values, fostering cultural understanding and inclusivity, strengthening people-to-people friendship, and advancing global peace and development.

1) Cultural exchanges through international sports events

International sports events create platforms for exchange and promote cultural inclusivity and understanding. Such events provide athletes and spectators from different countries and regions with opportunities to experience diverse cultures, help to break down cultural barriers, reduce misunderstandings and biases, and encourage mutual understanding. The 19th Asian Games in Hangzhou, for example, used digital technology to showcase Chinese aesthetic culture, which received high praise from international organizations like the International Olympic Committee and the Olympic Council of Asia.

Chinese cultural elements were integrated into the Games to add cultural charm to it, as was reflected in venues designed to shape like big lotus, small lotus, big jade Cong and Hangzhou Umbrella, the "Tide Surging" emblem inspired by the Qiantang River tide, the "Eternal Flame" torch incorporating the elements of Liangzhu Jade Cong, the "Lake and Mountain" medals presenting the landscape of Hangzhou, and the costumes inspired by blue and white procelain. Non-Olympic sports like marshall arts (*wushu*), dragon boat racing, squash, cricket, and sepak takraw showcased the distinctive appeal of Asian sports and regional cultural uniqueness.

In 2023, 6,500 athletes from 113 countries and regions participated in the FISU World University Games in Chengdu.[1] On the sidelines of the Games, events like the "Blossom of Youth" Exchange Activities of World University Athletes, the Global Generation Z Sports Forum, and the museum cultural creative fair provided valuable opportunities for young people worldwide to deepen their exchanges and strengthen friendships. These activities left a lasting impression on foreign participants, allowing them to experience and appreciate Chinese culture, and made the event an unforgettable experience for international visitors.

2) Co-hosting specialized sports events and cultural activities

Hosting specialized sports events and cultural activities has become more flexible and culturally distinctive and evolved into a vehicle for values like equality, solidarity, openness, inclusivity, cooperation, and

---

[1] https://news.cctv.com/2023/07/28/ARTIJPY38oRVEE8Jj9vZTmZf230728.shtml#:~:text=%E6%8D%AE%E4%BB%8B%E7%BB%8D%EF%BC%8C%E6%9C%AC%E5%B1%8A%E5%A4%A7%E8%BF%90%E4%BC%9A%E5%85%B1

environmental friendliness. The events also serve as a public platform for deepening international exchanges and mutual learning.

In 2023, cities like Beijing and Shanghai hosted a wide range of international sports events, including the China Open Tennis Tournament, the Beijing Marathon, the FIS Snowboard and Freeski Big Air World Cup, the International Skating Union Speed Skating Series, the IBSF Bobsleigh and Skeleton World Cup, the First Desafio China by La Vuelta, the Beijing International Kite Festival, the International Mountain Hiking Conference, and the 2023 Belt and Road International Regatta. These events celebrated numerous heartwarming stories of harmony and friendship and embodied the spirit of sports as a bridge for friendship, mutual learning, and cultural exchanges.

In July 2023, the "Tribute to Chinese Sports Spirit" initiative, organized by the General Administration of Sport of China, was launched in Beijing and subsequently held themed events in Chengdu, Hangzhou, Tsinghua University, and the National Winter Games venues. Using sports culture as a medium, these events showcased the excellence of Chinese athletics and the stories of Chinese sports, and supported China's efforts to build the country into a sporting powerhouse. With a modern presentation and global outreach, the initiative portrayed a credible, lovable, and respectable image of China, helping to enhance China's cultural soft power and influence of Chinese culture worldwide.

3) Sports events as a catalyst for diplomatic and business cooperation

Major sporting events have created opportunities for "home-court diplomacy" and the expansion of multilateral partnerships, as well as for intergovernmental and corporate exchanges, providing new growth areas for multilateral economic cooperation, and building platforms for dialogue and collaboration on global issues. In 2023, on the sidelines of the Asian Games in Hangzhou and the the FISU World University Games in Chengdu, Chinese leaders held important meetings with leaders from multiple countries, strengthening bilateral and multilateral cooperation.

In September, the Belt and Road Diplomats' Cycling Series was held in Guigang, Guangxi, where ambassadors to China from countries such as Laos, Cambodia, Singapore, Indonesia, Australia, Pakistan, and the United Kingdom participated in sports and cultural exchanges, as well as multilateral business meetings under the multilateral BRI cooperation framework. The event highlighted the extended value of international sports events, reinforcing the shared ideals of solidarity, cooperation, and mutual benefit.

II. Emerging trends

A comprehensive review of China's main achievements in cultural exchanges across multiple sectors in 2023, reveals the following emerging trends, and notable characteristics of cultural exchanges between China and other countries in terms of themes, approaches, participants, channels, and platforms.

1. China's more active role in cultural heritage conservation

Cultural heritage conservation is a shared responsibility for all humanity. In 2023, countries worked together for the application, restoration, and research of world cultural heritage; advocated international cooperation on cultural heritage conservation; and shared expertise and technology, making heritage conversation one of the most prominent themes in cultural exchanges between China and other countries. China proposed the establishment of an ISO Technical Committee on Cultural Heritage Conservation, which was formally approved in March 2024, with its secretariat at the Palace Museum in Beijing. The first technical committee established by the ISO in the field of global cultural heritage since its founding in 1947, it has 31 participating member states and 13 observer states and is bound to help strenghthen international exchange and cooperation in heritage conservation.

In June, the "Salvaged from the shadows, Protecting cultural heritage" exhibition, co-hosted by the National Museum of China and the International Alliance for the Protection of Heritage in Conflict Areas (ALIPH), provided a comprehensive overview of the endangered state of cultural heritage worldwide, calling for global unity in heritage conservation. In September, China's application for the "Cultural Landscape of Ancient Old Tea Forests of the Jingmai Mountain in Pu'er" was successfully inscribed on the World Heritage List, becoming the world's first tea-themed cultural heritage site and presenting the "China Approach" and "China Example" of "living heritage" protection to the world. In September, China announced plans to work with UNESCO on a heritage protection trust fund project, aimed at helping African nations improve their heritage conservation and application capabilities.

Today, many valuable cultural heritage sites continue to face the risk of damage and loss, making cross-border joint actions for world heritage conservation increasingly urgent. On July 27, 2024, the 46th session of the World Heritage Committee in New Delhi announced that the Beijing Central Axis—"A Building Ensemble Exhibiting the Ideal Order of the Chinese Capital"—was inscribed on the UNESCO World Heritage List, bringing China's total world heritage sites to 59 and intensifying the country's conservation responsibilities. Looking forward, China aims to continuously safeguard cultural diversity globally and foster enduring cultural exchanges. It also encourages nations to focus on key topics and reach consensus, collaborating within international frameworks such as UNESCO, ISO, and the Alliance for Cultural Heritage in Asia (ACHA). By adopting international and cross-disciplinary strategies, China envisions a future where cultural treasures belonging to all humanity are protected so as to preserve the rich tapestry of global civilizations for generations to come.

2. Stronger international ties through people-to-people exchanges

As globalization advances and information technology leaps forward, a trend in social media-faciliated cultural exchanges between China and other countries have become increasingly prominent. For one thing, people-to-people exchanges are flourishing again, with more and more foreigners would like to visit China and experience it firsthand. For instance, in Jingdezhen, the well-known "Porcelain Capital" for nearly 1,000 years, there is a growing community of young international artists. As of November 2023, latest official media data showed that over 60,000 young people ceramics engaging in work related to the area were from outside Jingdezhen and that every year more than 5,000 artists from outside China came to create, learn, hold exhibitions, live, and even settle in the area, known as "Yang Jing Piao" (meaning "wandering foreign artists in Jingdezhen").[1]

---

1 https://new.qq.com/rain/a/20231106A06HT800

For another, social media platforms like TikTok, Rednote, Weibo, Instagram, and YouTube have created virtual networks that transcend borders. As of 2023, global social media users numbered over 5 billion, making up 62.3 percent of the world's population, with an increase of 266 million users from the previous year and an annual growth rate of 5.6 percent.[1]

Through "cultural influencers" on social media, international cultural exchanges have gained considerable momentum. This socially-driven exchange model not only fosters real-time information sharing, but also deepens mutual respect and understanding among diverse cultures, making it a significant trend in international relations.

Looking to the future, with eased visa policies and more accessible travel, people-to-people exchanges between China and other countries will become more frequent, laying a solid foundation of friendship and trust among peoples of different countries. China plans to host more cultural festivals, art events, and exhibitions to attract foreigners to visit China and experience Chinese culture. For example, 2024 marks the ASEAN-China Year of People-to-People Exchanges, with both sides hosting a range of events to promote mutual understanding and mutual learning among civilizations.

Furthermore, as education departments worldwide place increasing emphasis on intercultural education, China's educational partnerships with other countries will continue to grow. Student exchanges, teacher exchanges, and joint educational programs are expected to expand and

---

1 Data sources: Kepios and GWI.

provide a broader platform for nurturing talent with global perspectives and intercultural communication skills. We are confident that the future will witness more high-quality international exchange events and flagship projects, generating stronger public support for friendship between China and other countries.

3. Gen Z as a new driving force of cultural exchanges

As Generation Z (those born between 1995 and 2009) grow into a central force in society, they are embracing diverse cultures with a unique perspective, innovative thinking, and open-mindedness, thus naturally becoming a primary driver of cultural exchanges between China and the world. Gen-Z youth, adept at using new technologies and media, have vividly showcased their national cultures and ingeniously built a bridge between Chinese and foreign cultures through their creation of cross-cultural artistic works, organization of online cultural activities, and active participation in international volunteer programs.

On social media platforms like Bilibili, cross-cultural content created by Gen Z are popular with many videos gaining billions of views. Similarly, prominent influencers on TikTok who highlight cultural features and share daily experiences from various countries attract millions of young followers globally, garnering likes and comments from all corners of the world. Chinese cultural exports like the sci-fi film series *The Wandering Earth* and the game *Genshin Impact* have also found devoted fans among Gen Z audiences abroad.

In real-life interactions, Gen Z youth are eager to participate in international volunteer activities and international Esports, sports exchanges, and various forms of social and cultural engagements. In education, increasing numbers of Gen Z members are studying abroad, joining exchange programs, or engaging in academic collaborations, while others use online courses to expose themselves to cross-cultural communication.

When it comes to travel, Gen Z leads the way as the generation most willing to explore the world and make friends across borders. These trends reflect the vibrant energy and boundless potential of the younger generation in global cultural exchanges.

As globalization advances, international youth, an emerging force in social development, show vast potential in advancing cultural exchanges between China and the world. In June 2023, about 100 young people from over 60 countries gathered in China for the International Youth Forum (IYF) on Creativity and Heritage along the Silk Roads. Centered around the theme Youth Engagement in Promoting Cultural Diversity and Inclusion, they engaged in active discussions and forged bonds of friendship.

In July 2024, over 1,000 guests and youth representatives from diverse fields across 28 countries and regions, including China, the United States, the Netherlands, Romania, and Thailand, took part in the 2024 International Youth Exchange Conference and the China-U.S. Youth Exchange Camp, a dynamic platform for in-depth exchange and interaction.

Looking to the future, we encourage international youth to "get out more," "visit more," and "make more new friends" through overseas volunteer programs, cultural exchange programs, and study tours abroad. By experiencing diverse cultures firsthand, they can strengthen their cross-cultural communication skills and expand their international circle of friends and further establish themselves as the backbone of cultural exchanges between China and the world.

4. Cities as hubs of cultural exchanges and future cooperation

With the rise of trends like "citywalk" and "special forces urban explorers," cities increasingly demonstrate their pivotal role as conduits for cultural exchanges.

An increasing number of foreign visitors travel great distances to Chinese cities to explore cultural landmarks and unique cuisine, all the while experiencing modern achievements such as high-speed rail, mobile payments, and autonomous driving. Through this immersive experience, they are gaining a renewed understanding of China's magnificent civilization where culture seamlessly intertwines with technology.

By 2023, China had established 3,019 sister-city or sister-province relationships with 1,853 cities and 596 provinces across 147 countries.[1] On the sidelines of the Beijing Cultural Forum in both 2022 and 2023, international journalists were invited to experience local cultural landmarks such as Qingyun Hutong, the Lao She Teahouse, and the Big Air Shougang snowboarding platform for a closer look at the capital's cultural charm.

---

1 https://cpaffc.org.cn/index/friend_city/index/lang/1.html

Cities with distinct features, such as the culinary delights of Aksu, Kashgar, Hotan, and Turpan in Xinjiang, the scenic beauty of Shaoguan, Liangshan, and Dali, and the historical sites in Wuhan, Quanzhou, and Yangzhou, have become popular destinations in China. In Xi'an, hashtags like #Chinese history, #Hanfu, and #Tang Dynasty have sparked enthusiastic discussions about the city both online and offline.

In 2023, Chongqing and Chaozhou joined the UNESCO Creative Cities Network, while existing member cities like Beijing, Shanghai, Changsha, Nanjing, and Wuhan organized vibrant events to explore sustainable urban development and cultural exchanges through the creative industries. Reports from various organizations in 2023 highlighted the efforts and achievements of Chinese cities in cultural exchanges, where historical and cultural "memorable points" for foreign tourists made the cities key destinations and crucial platforms for cultural exchanges.

On July 31, 2024, the International Exchange Centers Index 2024 was released, highlighting the top 10 cities for international exchanges: London, Paris, New York, Hong Kong, Singapore, Seoul, Beijing, Tokyo, Madrid, and San Francisco.

The report shows that cross-continent and cross-regional sister-city collaborations are a valuable form of cultural exchanges and a significant way to advance globalization and regional development. In the future, there is hope to deepen global city cooperation mechanisms that aim to foster mutual understanding among nations and meet local socio-economic development needs. By aligning with key global events such as World Cities Day, International Tourism Festival, International Museum

Day, and China Brand Day, new special sections or themed activities could be added to further highlight the elements of sister cities and cooperation areas.

Guided by the GDI, the GSI, and the GCI, we look forward to fostering more sister-city partnerships to jointly build a global community of shared urban development and enable sister cities to share in the benefits of Chinese modernization.

5. New horizons expanded by digital technology

Digital technology expanded new frontiers, making cultural exchanges more vibrant. In the digital age, digital technology helps break the boundaries of time and space, greatly enriching the forms and content of cultural exchange. This widens the scope of exchange, enriches its content, personalizes products, and enhances service precision, presenting unprecedented opportunities for innovation in cultural exchange. The China Association for Science and Technology's 14th Five-Year Plan for International Sci-Tech People-to-People Exchanges (2021–2025) states that sci-tech people-to-people exchanges are foundational work for strengthening international friendships and promoting national development, playing a critical role in science diplomacy and international cooperation.

In 2023, digital technology emerged as a major driver for expanding cultural exchanges. Countries increasingly used advanced technologies like VR and AR to create immersive cultural experience, enabling audiences thousands of miles away to feel the allure of foreign cultures as if they were physically present. The rise of digital platforms also greatly facilitated the creation, distribution, and consumption of cultural products, accelerating innovation and growth in the cultural industry. For example, the Digital Forbidden City project, with approximately 40 million visits since its launch, has significantly broadened the boundaries of cultural dissemination.

AI applications in cultural exchanges are maturing, with AI algorithms now analyzing user interests to deliver targeted cultural content, enhancing both the efficiency and impact of cultural outreach. Empowered by digital technology, cultural exchanges between China and other countries are overcoming temporal and spatial barriers and achieving broader, deeper, and more sustained interaction.

As highlighted by the *China's Digital Development Report (2023)* released by China's National Data Administration in July 2024, while the external environment remained challenging and complex, China faced a heavy yet promising task in building a digital China. With the world's largest digital application ecosystem, robust digital infrastructure, and strong digital expertise, China's digital development was poised to advance in higher quality and pace and in the process further expand opportunities for international cooperation in the digital domain.

One example is the domestically produced AAA game *Black Myth: Wukong*, which took seven years to create. This game revitalizes beloved Chinese mythology through cutting-edge production technology, showcasing how digital tools can breathe new life into traditional stories. Looking forward, it is anticipated that digital technology will further drive comprehensive innovation in content, technology, models, business formats, and scenarios. This will enable deeper digital development of various cultural resources and integration of cultural data resources, allowing valuable cultural assets to come alive through digital means, advancing their creative and innovative development.

We hope digital technology will inject fresh energy into diverse forms of cultural exchanges, allowing cultural interactions between China and other countries to thrive at "our fingertips" and expand in the "cloud".

Conclusion

In 2023, the international community gave high praise to China's efforts in promoting cultural exchanges with other countries, with many global leaders and analysts expressing their support for the GCI on various occasions. Hosseinali Darvishi Motevalli, the Iranian Consul General in Guangzhou, remarked that over thousands of years since the advent of the ancient Silk Road, the people of China and Iran have continuously engaged in dialogue in culture, philosophy, art, and music, and emphasized the need to sustain such friendly interactions in the future.

Irina Bokova, former Director-General of UNESCO, noted that in today's world, where conflicts are escalating, the GCI offers a valuable solution for respecting cultural diversity and fostering mutual learning among civilizations. Additionally, in 2023, 10 foreign nationals—including Joseph Polisi from the United States, Essam Sharaf from Egypt, Flora Botton Beja from Mexico, and David Ferguson from the United Kingdom—were honored with the inaugural Orchid Awards for their outstanding contributions to advancing cultural exchanges between China and other nations and mutual learning among civilizations.

Currently, the global governance system is facing various challenges brought by the complex and volatile international situation, with heightened geopolitical tensions, uneven global economic recovery, escalating climate and environmental crises, and intense technological competition. Audrey Azoulay, Director-General of UNESCO, aptly observed, "If anything has brought us together over the last year and a half, it is our feeling of vulnerability about the present and uncertainty about the future." In light of such uncertainties, fostering cultural exchanges and mutual understanding among civilizations has become even more crucial.

On June 7, 2024, China proposed establishing June 10 as the "International Day for Dialogue Among Civilizations", which was unanimously adopted by the 78th session of the United Nations General Assembly. This proposal reflects China's efforts to enhance mutual understanding between cultures and promote exchanges and mutual learning among civilizations.

Looking ahead, as a nation with a rich history and vibrant culture, China will continue to champion and actively engage in the GCI. This initiative reflects China's profound understanding and respect for the diversity of human civilization and underscores its responsibility and dedication as a global leader.

We believe that as China's cultural exchanges with the world flourish, the country will help build more platforms and create more opportunities for exchanges and cooperation among civilizations. China will push for global efforts to address challenges facing humanity, add to the diversity of world civilizations, and work along with other countries to build a global community of shared future.

NOUVELLES CARACTERISTIQUES ET TENDANCES :

Rapport sur les échanges culturels entre la Chine et l'étranger (2023)

Résumé

En 2023, le Président Xi Jinping a lancé l'Initiative pour la Civilisation mondiale (ICM), offrant des orientations et directions claires pour les échanges culturels de la Chine avec le reste du monde. Ces échanges constituent des mesures concrètes pour mettre en œuvre l'ICM. Le Forum culturel de Beijing, auquel le Président Xi a adressé une lettre de félicitations, représente un effort important pour renforcer les échanges culturels avec la communauté internationale et promouvoir ensemble le développement culturel.

Le *Rapport sur les échanges culturels entre la Chine et l'étranger*, fondé sur des documents publics, des données et des études de cas de diverses institutions, examine les échanges culturels de la Chine en 2023. Le Rapport souligne que ces échanges ont rencontré à la fois des défis et des opportunités. Avec un accent sur l'équilibre entre sécurité et développement, ainsi qu'une priorité donnée à la coopération et aux bénéfices mutuels, ces échanges ont repris rapidement dans une trajectoire positive. Leur ampleur a rapidement approché les niveaux d'avant la pandémie, devenant plus diversifiées, plus innovantes et plus profondes en termes de dialogue, entrant ainsi dans une nouvelle phase de développement de haute qualité. Par exemple, en 2023, le nombre de voyages transfrontaliers a atteint 424 millions, marquant une augmentation de 266,5 % par rapport à l'année précédente, tandis que « la Route de la Soie numérique culturelle » a été largement saluée à l'échelle mondiale. Voici un aperçu de quelques domaines clés des échanges culturels en 2023, notamment la communication, les industries culturelles, l'éducation, la science et la technologie, le tourisme et le sport.

1. Résultats notables dans plusieurs secteurs des échanges culturels en 2023

La communication culturelle est devenue plus efficace. La Chine a élargi ses collaborations internationales en matière d'édition, et la diffusion culturelle s'est davantage adaptée aux besoins des publics. Fin 2023, le livre *Xi Jinping : La Gouvernance de la Chine* a été publié en quatre volumes, traduit en 41 langues et distribué dans plus de 180 pays et régions, devenant « un portail des pensées pour comprendre la Chine ». Des forums internationaux majeurs, tels que le Forum culturel de Beijing, le Forum Liangzhu, le Forum global sur la Culture Hehe et le Forum culturel international du Panda d'or, ont témoigné d'un partage actif de la sagesse de la culture chinoise. Des déclarations conjointes sur la préservation du patrimoine culturel ont été publiées, contribuant à la mise en œuvre de l'ICM avec un effet démonstratif important. En parallèle, les modes de perception et d'échange culturels ont connu une évolution rapide. Des initiatives comme l'expérience virtuelle numérique du « Panorama du Musée du Palais » et l'exposition immersive « Explorer Dunhuang » en réalité virtuelle (VR) ont offert au public des expériences culturelles chinoises absorbantes et captivantes.

Les industries culturelles ont interagi de manière dynamique. En 2023, les clusters des industries culturelles et créatives de la Chine ont étendu leur présence sur les marchés internationaux, collaborant avec les industries culturelles mondiales pour un développement coordonné. De plus, on a constaté une augmentation de la fréquence des expositions culturelles sino-étrangères et des présentations interactives. La Foire internationale du livre de Beijing, en raison de sa réputation, a attiré plus de 2 500 exposants provenant de 56 pays et régions. Pour la première fois, la prestigieuse Foire de Paris a accueilli une délégation officielle chinoise. Pour commémorer le 50e anniversaire de sa première visite en Chine, l'Orchestre de Philadelphie a présenté un concert en collaboration avec l'Orchestre symphonique national de Chine, témoignant de leur longue amitié de plus de cinquante ans. Par ailleurs, de nombreux produits culturels étrangers ont fait leur entrée sur le marché chinois, notamment avec la projection de 78 films importés dans les cinémas de la partie continentale de la Chine, comprenant tous les 10 plus grands succès du box-office mondial.

La coopération dans l'éducation a été renforcée. En 2023, les échanges éducatifs sino-étrangers ont non seulement rapidement rebondi après l'impact de la pandémie, mais ont également maintenu un niveau de développement élevé. Les étudiants et enseignants internationaux sont retournés sur les campus, et les programmes d'éducation collaborative ont gagné en dynamisme, avec l'émergence de formats variés. La Chine a lancé 44 nouveaux programmes et institutions de coopération éducative sino-étrangère au niveau du premier cycle et supérieur, renforçant la coopération éducative avec les pays partenaires de l'Initiative « la Ceinture et la Route ». La Chine a également participé activement à la gouvernance mondiale de l'éducation pour contribuer à l'amélioration de l'écosystème de l'éducation numérique mondiale.

Les échanges scientifiques et technologiques se sont intensifiés. En 2023, la Chine s'est activement intégrée au réseau mondial d'innovation scientifique et technologique, accélérant le transfert de technologies et le partage des connaissances. La Chine a rejoint plus de 200 organisations internationales et mécanismes multilatéraux, et a participé à près de 60 grands programmes et projets scientifiques internationaux. Selon la Silk Road Chamber of International Commerce (SRCIC), plus de la moitié de ses 218 membres provenant de 82 pays ont exprimé leur volonté de participer au développement de la « Route de la Soie numérique culturelle ».

Le tourisme transfrontalier a repris. En 2023, la mise en œuvre continue de politiques facilitant les voyages transfrontaliers a non seulement entraîné une augmentation du nombre de touristes étrangers visitant la Chine, mais a également renforcé l'amitié et la confiance mutuelle entre citoyens chinois et étrangers. Le nombre de touristes entrants et sortants en Chine a dépassé les 190 millions, les dépenses des touristes chinois à l'étranger atteignant 196,5 milliards de dollars américains. Par conséquent, le tourisme chinois est devenu une tendance mondiale majeure. Le China International Travel Mart 2023 a attiré des agences de promotion et des entreprises du tourisme provenant de plus de 70 pays et régions, recevant des éloges universels pour ses expériences immersives mettant en valeur le patrimoine culturel immatériel.

Les événements sportifs ont facilité les échanges. En 2023, la Chine a participé activement à l'organisation et à la co-organisation de nombreux événements sportifs internationaux, qu'ils soient généralistes ou spécialisés, favorisant ainsi la compréhension interculturelle. Les Jeux asiatiques de Hangzhou, les Jeux universitaires mondiaux de la FISU à Chengdu, les compétitions de la série de l'Union internationale de patinage, ainsi que les compétitions internationales de voile ont suscité un enthousiasme mondial, mettant en lumière de nombreuses histoires émouvantes de paix, d'harmonie et d'amitié.

2. Les échanges culturels de la Chine avec le monde ont présenté de nouvelles caractéristiques et tendances en 2023

En 2023, les échanges culturels de la Chine avec le monde ont montré de nouvelles caractéristiques et tendances dans divers aspects, notamment les thèmes, les formes, les participants, les plateformes et les canaux.

En tant que pays fort de sa riche culture, la Chine a assumé de nouvelles responsabilités et jouera un rôle accru dans la protection du patrimoine culturel. En 2023, les pays se sont unis pour promouvoir la candidature, la restauration et la recherche sur le patrimoine culturel mondial, faisant de la coopération internationale sur la protection du patrimoine culturel le thème prédominant des échanges culturels de la Chine avec le monde. Le Paysage culturel des anciennes forêts à thé de la montagne Jingmai à Pu'er a été inscrit avec succès sur la Liste du patrimoine mondial, devenant ainsi le premier site patrimonial culturel au monde sur le thème du thé. En regardant vers l'avenir, la Chine continuera de soutenir la diversité culturelle mondiale et espère sincèrement des efforts collaboratifs entre les nations au sein des grandes organisations internationales pour protéger et préserver conjointement la richesse culturelle partagée de toute l'humanité.

Les échanges des peuples sont devenus une nouvelle tendance, renforçant les liens d'amitié entre les nations. En 2023, les échanges culturels avec le monde ont montré une nouvelle tendance de socialisation. Cette approche a facilité le partage instantané d'informations tout en approfondissant le respect mutuel et la compréhension entre les cultures chinoise et étrangères. En regardant vers l'avenir, les contacts interpersonnels entre la Chine et les autres pays deviendront plus fréquents, avec les réseaux sociaux qui joueront un rôle clé dans les échanges culturels, devenant ainsi une nouvelle tendance dans les échanges internationaux. Davantage d'événements de marque de tourisme culturel multinational et de projets éducatifs interculturels de qualité renforceront encore le soutien public à l'amitié sino-étrangère.

La « génération Z » a commencé à occuper le devant de la scène, qui rendra le cercle d'amis mondial plus jeune. En 2023, les jeunes de la génération Z, experts en nouvelles technologies et en médias, ont habilement construit un pont entre les cultures chinoise et étrangère à travers leurs créations d'œuvres artistiques interculturelles, l'organisation d'activités culturelles en ligne et leur participation active à des programmes de volontariat international. En regardant vers l'avenir, les jeunes du monde entier seront de plus en plus les moteurs des échanges culturels de la Chine, injectant une dynamique juvénile dans les interactions internationales au sein de notre cercle d'amis.

Les échanges interurbains ont donné naissance à de nouvelles tendances, approfondissant la coopération sur le développement urbain. En 2023, les villes ont de plus en plus démontré leur rôle clé en tant que vecteurs des échanges culturels, favorisant une tendance croissante aux interactions culturelles entre les communautés chinoises et étrangères tout en servant de nœud central pour l'apprentissage mutuel entre civilisations. Un nombre croissant de visiteurs étrangers parcourent de longues distances pour découvrir les villes chinoises, explorer leurs sites culturels emblématiques et goûter à leur cuisine unique, tout en découvrant les réalisations modernes telles que le train à grande vitesse, les paiements mobiles pratiques et la conduite autonome. Grâce à cette expérience immersive, ils acquièrent une nouvelle compréhension de la civilisation magnifique de la Chine, où la culture et la technologie s'entrelacent harmonieusement. En regardant vers l'avenir, les jumelages de villes avec leurs thèmes de coopération joueront un rôle plus important dans les échanges culturels mondiaux de la Chine. De plus en plus de villes chinoises et étrangères chercheront à nouer des partenariats et à former des jumelages pour construire ensemble une communauté de développement urbain partagé.

La technologie numérique a ouvert de nouveaux horizons, rendant les échanges culturels plus riches. En 2023, des technologies numériques comme la VR et la réalité augmentée (AR) ont offert des expériences culturelles panoramiques et immersives, permettant à des publics éloignés de ressentir l'attrait des cultures étrangères avec une sensation de présence physique. En regardant vers l'avenir, la technologie numérique continuera de favoriser l'innovation globale en matière de contenu, de technologie, de modèles, de formats commerciaux et de scénarios, créant ainsi des opportunités sans précédent pour les échanges culturels.

Conclusion

En rétrospective de l'année 2023, la communauté internationale a hautement salué les efforts actifs de la Chine pour promouvoir ses échanges culturels avec le monde ainsi que l'ICM qu'elle a proposée. De plus, dix personnalités internationales ayant apporté des contributions exceptionnelles ont été honorés lors de la première édition du « Prix de l'Orchidée » en Chine. Actuellement, la situation internationale reste complexe et volatile, avec de nombreuses incertitudes en matière de gouvernance mondiale, ce qui rend la promotion des échanges culturels et de l'apprentissage mutuel entre différentes cultures d'autant plus significative. Le 7 juin 2024, la Chine a proposé la création de la Journée internationale du dialogue entre les civilisations, qui a été adoptée à l'unanimité lors de la 78e session de l'Assemblée générale des Nations Unies. Cette proposition reflète les efforts proactifs de la Chine pour renforcer la compréhension mutuelle entre les cultures et promouvoir les échanges et l'apprentissage mutuel entre civilisations. En regardant vers l'avenir, la Chine continuera de défendre activement et de mettre en œuvre l'ICM, en créant davantage de plateformes et d'opportunités pour la communication et la coopération entre différentes cultures. La Chine promouvra, avec d'autres pays, des efforts mondiaux pour relever les défis auxquels l'humanité est confrontée, afin de contribuer à la diversité des civilisations mondiales et à la construction d'une communauté de destin pour l'humanité.

Préface

En 2023, la pensée culturelle de Xi Jinping a été officiellement proposée comme l'orientation fondamentale pour continuer à promouvoir la prospérité culturelle, bâtir un pays fort de sa richesse culturelle et établir une civilisation moderne chinoise dans la nouvelle ère, tout en encourageant les échanges et la compréhension entre civilisations à l'échelle mondiale. Sous l'impulsion de cette pensée, le Parti communiste chinois, avec le peuple, s'engage activement à promouvoir les valeurs universelles de l'humanité et à favoriser les interactions entre différentes cultures, contribuant ainsi à relever les défis mondiaux communs et à faire progresser la civilisation humaine. L'échange culturel est non seulement une condition essentielle pour le progrès des civilisations mondiales, mais aussi une exigence intrinsèque pour la diversité culturelle. L'Initiative pour la Civilisation mondiale (ICM), lancée par le Président Xi Jinping en 2023, a fourni un cadre et une direction pour les échanges culturels entre la Chine et l'étranger. Ces échanges incarnent l'engagement concret envers cette initiative, reflètent l'engagement chinois de dialogue et de partage entre civilisations, et contribuent à la réalisation d'une communauté de destin pour l'humanité.

En 2023, les bouleversements internationaux se sont accélérés dans un contexte d'instabilité accrue. Sous l'égide de la diplomatie de haut niveau, centrée sur la mise en œuvre des Initiatives pour le développement mondial, la sécurité mondiale et la civilisation mondiale, les échanges culturels entre la Chine et les autres nations ont fait face aux défis avec grand dynamisme. De nombreuses réunions entre chefs d'État ont eu lieu : celle du Président Xi en ligne avec des dirigeants des partis politiques mondiaux, celle du Président Xi avec le président russe lors de sa visite d'État en Russie, appréciation conjointe des mélodies envoûtantes de *Montagnes majestueuses et eaux courantes* par les dirigeants chinois et français, forêt de l'amitié plantée par les chefs d'État de la Chine et des cinq pays d'Asie centrale, participation du Président Xi aux rencontres des BRICS et sa visite d'État en Afrique du Sud, rencontre du Président Xi avec le Président américain à San Francisco, ainsi que les réunions du Président Xi avec les dirigeants de nations amies traditionnelles dans le Vietnam, un pays voisin. Toutes ces réunions ont montré l'engagement de la Chine pour promouvoir la paix, le développement, l'amitié et la coopération. La réconciliation entre l'Arabie Saoudite et l'Iran, ainsi que les médiations proactives dans les conflits entre la Palestine et Israël et dans la crise en Ukraine, ont démontré sa responsabilité dans le maintien de la paix mondiale et la résolution des conflits régionaux, renforçant la garantie de sécurité pour les échanges culturels sino-étrangers. À l'occasion du 10e anniversaire de l'Initiative « la Ceinture et la Route », le 3e Forum de « la Ceinture et la Route » pour la coopération internationale s'est tenu à Beijing, marquant l'entrée de cette initiative dans une nouvelle phase de développement de haute qualité. Cela démontre une fois de plus la forte attractivité et l'influence internationale de ce bien public mondial, tout en jetant les bases solides pour le développement des échanges culturels entre la Chine et les autres pays. La proposition et la mise en œuvre de l'ICM indiquent la voie à l'égalité, le respect et la confiance mutuelle, l'unité et la coexistence harmonieuse entre les civilisations. Elle insuffle également une énergie positive puissante au développement de la civilisation humaine et le progrès de la modernisation humaine, tout en fournissant un cadre intellectuel fort pour les échanges culturels sino-étrangers.

En 2023, les échanges culturels entre la Chine et les autres pays ont affronté des défis et des opportunités, qui ont eu pour thème la sécurité et le développement en mettant l'accent sur la coopération et le bénéfice mutuel, révélateurs de nombreuses nouvelles caractéristiques et tendances. Afin de mieux comprendre la situation, un groupe de recherche spécialisé de l'Académie d'études de la Chine et du monde contemporains, affiliée au Groupe de communication internationale de Chine, a mené une enquête approfondie en se basant sur les données publiques du ministère des Affaires étrangères, du ministère de l'Éducation, du ministère de la Science et de la Technologie, du ministère de la Culture et du Tourisme, de l'Administration générale des sports et d'autres organismes. L'étude s'est concentrée sur les domaines de la communication, des industries culturelles, de l'éducation, de la science et de la technologie, du tourisme et du sport, en analysant et en résumant les caractéristiques et les tendances autour des thèmes, des formes, des acteurs, des vecteurs et des plateformes des échanges. Sur la base de ces observations, le rapport se projette également vers l'avenir. Nous espérons que ce rapport contribuera à des avancées et à des succès accrus dans les échanges culturels sino-étrangers, et nous sommes prêts à y apporter des efforts positifs. Comme l'a exprimé le Président Xi Jinping dans son message de félicitations au Forum culturel de Beijing 2023, la Chine renforcera ses échanges culturels avec les régions du monde entier, afin de promouvoir conjointement la prospérité culturelle, la protection du patrimoine culturel et l'enrichissement mutuel des civilisations, et d'œuvrer pour l'ICM, apportant une force culturelle profonde et durable à la réalisation d'une communauté de destin pour l'humanité.

I. Résultats significatifs dans plusieurs domaines

En 2023, les échanges culturels entre la Chine et les autres pays ont globalement montré une reprise rapide et une dynamique positive. Par secteur, cela se manifeste par une amélioration de l'efficacité de la diffusion culturelle, une interaction active dans les industries culturelles, un renforcement de la coopération éducative, un approfondissement des échanges technologiques, une reprise du tourisme transfrontalier et un soutien des événements sportifs.

1. L'efficacité de la diffusion culturelle s'améliore avec de nouvelles méthodes

En 2023, l'intégration profonde de la culture et des médias a donné naissance à de nouvelles formes de diffusion interculturelle. Avec une plus grande efficacité et de nouvelles méthodes, elles franchissent également les frontières, rendant les échanges culturels plus accessibles et devenant une nouvelle carte de visite pour présenter les histoires de la Chine, une nouvelle fenêtre sur la culture chinoise et un nouveau pont pour promouvoir la compréhension culturelle.

La Chine développe activement diverses voies de publication et entretient une coopération internationale en matière d'édition. À la fin de l'année 2023, quatre volumes de *Xi Jinping : La Gouvernance de la Chine* avaient été traduits en 41 langues et distribués dans plus de 180 pays et régions, suscitant un accueil favorable dans le monde entier et étant salués comme « un portail des pensées pour comprendre la Chine ».[1] Par ailleurs, la Chine a repris sa participation aux foires internationales du livre et a organisé des événements en tant que pays invité d'honneur, exposant des œuvres de qualité aux foires du livre de Londres et de Francfort. La Chine vise à promouvoir la traduction et la publication d'ouvrages chinois et étrangers de qualité pour favoriser le dialogue et l'enrichissement mutuel des civilisations, par le biais des initiatives phares telles que le Programme de traduction des classiques chinois et étrangers, le Projet international de publication des classiques chinois et le Projet Livres de la Route de la Soie. Lors de la Foire internationale du livre de Beijing 2023, le « Mécanisme de coopération internationale pour la coédition de livres sur la Chine » s'est élargi, accueillant six nouveaux membres chinois, dont le Shanghai Century Publishing Group et le Zhejiang Publishing United Group, ainsi que douze nouveaux membres étrangers, dont le groupe d'édition polonais Marszałek et le groupe Planeta d'Espagne. Le réseau de coopération internationale en matière d'édition continue donc de s'étendre. Le Groupe de communication internationale de Chine a lancé plusieurs séries thématiques culturelles,

---

1 http://www.xinhuanet.com/politics/leaders/20240712/a9aef5c24d8a464f9035212245b21b7b/c.html

telles que les *Mots clés pour comprendre la Chine*, la *Bibliothèque des Classiques chinois*, la série du *Roi Singe*, ainsi que des livres populaires sur des thèmes culturels comme *L'Art de la guerre* de Sun Zi, *Anthologie des poèmes de la dynastie Tang*, *5 000 ans d'appréciation entre civilisations de la Chine et du monde*, et *Dunhuang*. En utilisant des méthodes de diffusion multilingues, multimédias et multiformats, la Chine continue d'innover dans la publication internationale. En 2023, le sinologue turc né dans les années 1980, Giray Fidan, qui est engagé dans la traduction de *L'Art de la guerre*, est venu plusieurs fois en Chine pour participer à des dialogues académiques et à des échanges culturels. Il a déclaré : « Je remercie la Chine de fournir aux chercheurs et sinologues du monde entier une plateforme riche pour le dialogue et l'échange. Aujourd'hui, il est plus important que jamais de promouvoir le dialogue et l'enrichissement mutuel entre les civilisations. »

La Chine promeut activement la diffusion internationale, et les échanges culturels sino-étrangers répondent de plus en plus aux besoins. En 2023, plus d'une dizaine de centres de diffusion internationale au niveau provincial ont été créés, chacun mettant à profit ses avantages régionaux et ses spécificités culturelles pour faire de la promotion des échanges culturels et de l'enrichissement mutuel des civilisations une mission importante. Le Centre de diffusion internationale pour l'Asie du Sud et du Sud-Est de la province de Yunnan s'est positionné comme un terrain d'expérimentation pour la diffusion culturelle et les échanges humains dans cette région, créant une nouvelle plateforme pour raconter l'histoire de la magnifique Chine et du Yunnan aux mille couleurs. Le Centre de diffusion internationale du Henan a lancé le projet de promotion thématique intitulé « Les incroyables inscriptions sur os et carapaces », et a organisé des activités culturelles intitulées « Amour pour le Henan : découverte de la Plaine centrale » autour des thèmes des inscriptions sur os et carapaces et du fleuve Jaune, permettant à un nombre croissant d'étrangers de découvrir et d'apprécier le Henan. La coopération audiovisuelle entre le Guangxi et l'ASEAN reflète une relation de proximité et de fraternité. Des stations de traduction et de doublage ont été établies dans des pays comme le Laos et le Myanmar, et des programmes tels que « Théâtre chinois » et « Animation chinoise » ont été diffusés sur de nombreuses chaînes de télévision au sein de l'ASEAN. Des séries populaires comme *Nirvana en feu*, le *Bourg de Minning* et *Le Rêve dans le pavillon rouge*, ainsi que des documentaires tels que *Si les trésors nationaux pouvaient parler* et *La Chine que vous ne connaissez pas*, ont été introduites, renforçant ainsi les échanges culturels. En parallèle, les productions audiovisuelles internationales sont également très bien accueillies en Chine. Selon le *Rapport annuel 2023 sur le marché du cinéma en Chine*, 78 films étrangers ont été projetés dans les cinémas de la partie continentale de la Chine en 2023, et les dix films les plus rentables au box-office mondial y ont tous été diffusés. En particulier, *Suzume* et *The First Slam Dunk* ont battu des records pour les films japonais en Chine, offrant une immersion de *nijigen* au public chinois.

Les révolutions technologiques augmentent l'efficacité de la diffusion et innovent dans les formes de perception et d'échange culturels. À l'heure actuelle, les applications des technologies de l'information telles que la 5G, l'intelligence artificielle et la réalité virtuelle évoluent rapidement, transformant profondément l'écosystème des médias internationaux, les modes de diffusion de l'information et les formes d'échanges culturels. En 2023, de nombreuses modes novatrices de perception et de communications ont marqué les échanges culturels : en avril, le Musée du Palais a lancé l'expérience numérique immersive « Panorama du Musée du Palais » offrant aux visiteurs en ligne une visite à 720 degrés ; en mai, l'exposition d'art numérique « Les origines de la civilisation chinoise » a présenté les résultats des recherches archéologiques sur dix sites majeurs de la civilisation chinoise, permettant aux spectateurs étrangers d'explorer virtuellement les sites historiques et d'admirer de près la beauté des artefacts ; en septembre, l'exposition immersive en VR « À la découverte de Dunhuang » et le Projet « Grotte des sutras numérique de Dunhuang » ont été inaugurés, offrant au public chinois et international une expérience culturelle immersive.

2. Des entreprises culturelles augmentent la promotion et la coopération à l'étranger

En 2023, la promotion de l'industrie culturelle chinoise à l'étranger et la coopération internationale ont été dynamiques, grâce à des formes de collaboration innovantes qui s'intègrent activement le marché mondial et favorisent le développement des industries culturelles globales.

Les événements d'exposition sur la culture chinoise servent d'exemplaire pour montrer la marque. En 2023, la Chine a organisé divers forums culturels internationaux, tels que le Forum culturel de Beijing 2023, le 1er Forum Liangzhu, le Forum global sur la culture Hehe, et le Forum culturel international du Panda d'or 2023. Ces événements ont permis de partager la sagesse de la culture chinoise, de publier conjointement des déclarations sur la préservation du patrimoine et de promouvoir l'Initiative pour la Civilisation mondiale, générant un effet de démonstration important. En juin 2023, le premier Forum sur le renforcement de la puissance culturelle de la Chine s'est tenu à Shenzhen, en parallèle de la 19e Foire internationale des industries culturelles de Chine (Shenzhen). Ces événements jumeaux, ont mis en lumière les dernières avancées de l'industrie culturelle régionale. À l'international, diverses activités de promotion culturelle, telles que « La Fête du printemps heureuse », « Le thé au monde » et « La Route de la Soie culturelle » ont été mises en avant par le ministère de la Culture et du Tourisme. Le Groupe de communication internationale de Chine a présenté l'exposition « Souffle d'Orient » à la Foire de Paris 2023, qui a reçu un accueil enthousiaste de la part française et a remporté le Prix du Stand d'or pour les 120 ans de l'Exposition.

Les divers festivals culturels se développent de manière différenciée, tels que le Festival international de la culture du thé « la Ceinture et la Route » du Zhejiang, ou le Festival international des arts de la Route maritime de la soie du Guangdong, chacun formant une marque unique. Par ailleurs, la Chine introduit activement des expositions muséologiques et des représentations artistiques de qualité provenant de l'étranger pour favoriser l'apprentissage mutuel dans le domaine culturel. Par exemple, l'Orchestre de Philadelphie et l'Orchestre national de Chine ont présenté un concert commémoratif pour marquer les 50 ans de la visite du premier en Chine et l'amitié qui en a découlé. Pour la première fois, le Musée de Shanghai collabore avec la National Gallery de Londres pour lancer la exposition de la série artistique *Dialogue avec le Monde*, intitulée « De Botticelli à Van Gogh : Trésors de la National Gallery de Londres ».

Les produits culturels chinois s'exportent dans le monde entier, avec un retour positif des marchés internationaux. Après des années de développement, les produits culturels chinois se sont imposés à grande échelle, étendant leur rayon de diffusion et leur couverture, devenant des vecteurs clés de la culture chinoise. Lors de la 29ᵉ Foire internationale du livre de Beijing 2023, plus de 200 000 ouvrages ont été présentés, avec la participation de 2 500 exposants venant de 56 pays.[1] Cela a permis de présenter pleinement les réalisations éditoriales des dix dernières années de la nouvelle ère et depuis le 20ᵉ Congrès du PCC, et de mettre en avant une sélection d'ouvrages en langues étrangères représentant les grandes réalisations de diverses civilisations, favorisant ainsi le dialogue et les échanges entre différentes cultures. Dans le domaine de la littérature en ligne, le *Rapport sur les tendances 2023 de la littérature en ligne chinoise à l'étranger* montre un revenu total de 38,3 milliards de yuans, en augmentation de 20,52 %. Le nombre total d'œuvres de littérature en ligne chinoise publiées à l'étranger (incluant les œuvres originales créées sur des plateformes de littérature en ligne à l'étranger) a atteint environ 695 800, affichant une croissance annuelle de 29,02 %. Au Moyen-Orient et en Afrique, la littérature en ligne chinoise est devenue une force motrice des échanges culturels. Les produits audiovisuels chinois ont également été largement salués sur les marchés étrangers. En 2023, le *Rapport sur*

---

1 http://www.xinhuanet.com/book/20230618/a6550043a5ac4148812fd0841a8ace63/c.html

les séries en costumes traditionnels de Youku indique que celles-ci ont été traduites en 16 langues et diffusées dans plus de 200 pays et régions. Des films chinois comme *Terre errante 2*, *La Création des dieux I : Royaume des tempêtes*, et *Un et unique* ont été projetés dans plus de 50 pays, rencontrant un grand succès au Royaume-Uni, en France, en Thaïlande, et établissant plusieurs records pour le cinéma chinois à l'international.

L'industrie culturelle et créative chinoise se mondialise et la coopération internationale s'approfondit. La coopération dans l'industrie culturelle et créative est une forme novatrice pour la Chine de promouvoir les échanges culturels et d'encourager l'appréciation mutuelle entre civilisations. En 2023, l'industrie culturelle et créative en Chine a montré des caractéristiques notables telles que l'expansion du marché, l'élargissement des domaines, l'innovation technologique et la mondialisation. L'industrie se développe vigoureusement, couvrant des pays et régions en Asie du Sud-Est, en Amérique du Nord, en Europe et en Afrique. Après l'autorisation de publication, la traduction et l'exportation de modèles, les entreprises culturelles et créatives chinoises recherchent activement des collaborations sur des plateformes internationales, entrant dans une nouvelle phase de « co-création mondiale » et participant à la construction d'un nouvel écosystème culturel et créatif à l'étranger. Par exemple, le groupe Yuewen a établi des relations de coopération approfondies avec de nombreux partenaires industriels, comme Penguin Random House, dans les domaines de l'édition, de l'animation et des médias audiovisuels, autorisant la publication de nombreuses œuvres dans le monde entier. WebNovel cultive activement des forces vives de la littérature en ligne originale à l'étranger par le biais d'activités de concours d'écriture mondiaux.

3. La coopération éducative se redresse rapidement et progresse de manière approfondie et de haute qualité

En 2023, avec une transition stable dans les démarches de contrôles de la COVID-19, les échanges et la coopération éducatifs entre la Chine et l'étranger ont rapidement repris, affichant une tendance réjouissante de développement de haute qualité. La Chine s'engage non seulement à augmenter l'échelle et le niveau des écoles coopératives sino-étrangères, mais aussi à promouvoir activement la coopération en matière d'éducation numérique et la gouvernance éducative mondiale, afin de construire un écosystème éducatif mondial ouvert et innovant.

Les enseignants et les étudiants internationaux retournent sur les campus, dans un intérêt croissant aux écoles coopératives sous formes variées. Les écoles coopératives sino-étrangères sont un moyen important d'échange culturel transnational. De nombreuses universités chinoises ont établi des institutions et des projets d'éducation coopérative avec des partenaires internationaux, offrant aux étudiants internationaux l'opportunité d'apprendre et de découvrir la culture chinoise. En 2023, les enseignants et les étudiants internationaux ont retrouvé les campus chinois pour reprendre leurs études et leur vie quotidienne, rétablissant rapidement l'ordre dans la coopération éducative sino-étrangère. De plus, l'enthousiasme pour l'éducation coopérative n'a pas diminué, avec 44 nouveaux projets et institutions de coopération éducative entre la Chine et l'étranger au niveau du premier cycle et au-delà. En particulier, la coopération éducative entre la Chine et les pays et régions partenaires de l'Initiative « la Ceinture et la Route » devient de plus en plus étroite sous formes flexibles et variées, que ce soit par l'ouverture de l'Institut (Classes) Confucius, des Ateliers Luban, ou la mise en place de « classes sur commande » dans les écoles professionnelles, ce qui bénéficie à des milliers de jeunes chinois et étrangers et insuffle une vitalité juvénile aux échanges culturels sino-étrangers.

Le développement rapide de l'éducation numérique en Chine contribue à l'amélioration de l'écosystème éducatif numérique mondial. Après des années d'efforts soutenus, l'informatisation de l'éducation en Chine a connu un développement exponentiel, avec un taux d'accès au réseau dans les campus atteignant 100 % en 2023, et 99,5 % des écoles primaires et secondaires disposant de salles de classe multimédias, faisant de la Chine l'un des pays avec le niveau d'éducation numérique le plus élevé au monde.[1]

De plus, la Chine a lancé à l'échelle mondiale une plateforme de services publics d'éducation intelligente, qui a reçu le Prix UNESCO pour l'utilisation des technologies de l'information et de la communication dans l'éducation. Cette plateforme est désormais la plus grande bibliothèque de ressources éducatives au monde, largement appréciée par les apprenants de nombreux pays. En outre, lors du Congrès mondial de l'éducation numérique de février 2023, la Chine a publié le *Livre bleu sur l'éducation intelligente*, le *Rapport sur l'indice de développement de l'éducation intelligente* et des normes pour les plateformes

---

1 http://edu.people.com.cn/n1/2023/0209/c1006-32620688.html

d'éducation intelligente, présentant ainsi au monde entier le processus de transformation numérique de l'éducation en Chine, et proposant des initiatives pour approfondir la coopération internationale en matière d'éducation numérique, afin de construire un écosystème mondial de l'éducation numérique qui est ouvert, équitable, mutuellement bénéfique, sain et sûr. En tant que fruit de cette initiative, l'Alliance de l'éducation numérique Chine-ASEAN a été officiellement fondée en août, marquant un nouveau pas vers le développement d'un partenariat éducatif de haute qualité, pragmatique et inclusif entre la Chine et les pays de l'ASEAN.

La Chine participe activement à la gouvernance mondiale de l'éducation et explore la création de plateformes de coopération éducative de haut niveau. En 2023, la Chine, par son engagement auprès de l'UNESCO et d'autres organisations éducatives internationales, a cherché à établir une plateforme de coopération éducative mondiale de haut niveau, contribuant ainsi à la gouvernance mondiale de l'éducation avec des solutions chinoises. Le gouvernement chinois, les universités et les organisations sociales participent activement à des projets de gouvernance mondiale de l'éducation. Par exemple, le gouvernement chinois, en tant que membre du Comité de haut niveau sur l'éducation 2030, a augmenté le nombre de bourses « Grande Muraille », et a lancé la version internationale de la plateforme de services publics d'éducation intelligente de la Chine. L'Université de Beijing a lancé le projet « Promotion de l'éducation sur la santé des filles en Afrique », tandis que l'Université normale de Beijing a créé un fonds de fiducie pour soutenir le développement de l'éducation numérique des filles et des femmes en Afrique. En particulier, une résolution adoptée lors de la 42e session de la Conférence générale de l'UNESCO, qui établit un institut international de recherche sur l'éducation STIM (sciences, technologie, ingénierie et mathématiques) à Shanghai, marque la première installation d'un centre de Catégorie 1 en Chine. Alors que ce fait représente une reconnaissance substantielle de l'engagement de la Chine dans la gouvernance mondiale de l'éducation, il lui impose davantage de responsabilité pour approfondir la coopération scientifique et éducative transnationale et pour améliorer l'écosystème éducatif mondial.

4. Les échanges et coopération technologiques s'étendent avec des résultats accessibles et partagés

En 2023, la technologie de l'intelligence artificielle a commencé à transformer profondément les modes de production et d'interaction des êtres humains. Non seulement l'intégration d'applications telles que ChatGPT a amélioré l'efficacité des échanges et de la coopération internationaux d'une façon importante, mais la diffusion de technologies telles que la réalité virtuelle, la réalité augmentée et le métavers a également enrichi considérablement les formes d'échanges culturels entre la Chine et l'étranger. La coopération technologique sino-étrangère est devenue un pilier essentiel pour promouvoir les échanges culturels et l'apprentissage mutuel des civilisations.

La Chine s'intègre activement au réseau mondial d'innovation technologique, accélérant le transfert de technologies et le partage des connaissances. En 2023, la Chine a élargi son espace d'échanges et de partage technologique, en s'impliquant activement dans le système de gouvernance technologique mondiale. À l'automne 2023, la Chine avait rejoint plus de 200 organisations internationales et mécanismes multilatéraux, et participé à près de 60 grands projets scientifiques internationaux, avec une contribution et une influence notable là-dedans.[1] Parallèlement, la Chine met en place des plateformes d'échanges technologiques et de partage des connaissances. Lors de la première Conférence sur les échanges scientifiques de « la Ceinture et la Route », les représentants de plus de 80 pays, régions et organisations internationales ont participé à des échanges approfondis sur les expériences d'innovation technologique. Le Forum de coopération industrie-université-recherche de « la Ceinture et la Route » a également offert des opportunités d'échanges pour les universités, les instituts de recherche, les entreprises et les associations professionnelles des pays partenaires. La Chine met en œuvre en profondeur le plan d'action sur l'innovation scientifique de « la Ceinture et la Route » et promeut activement quatre mesures, à savoir les échanges technologiques et culturels, la création de laboratoires conjoints, le transfert de technologies et la coopération en matière de parcs technologiques. À la fin de 2023, la Chine avait lancé la construction de plus de 50 laboratoires conjoints dans le cadre de « la Ceinture et la Route », soutenant plus de 10 000 jeunes scientifiques des pays partenaires pour mener des recherches et des échanges en Chine, et avait formé au total plus de 15 000 de techniciens étrangers, établissant ainsi un réseau initial de transfert de technologies pour « la Ceinture et la Route ».[2] Dans des domaines liés au bien-être de l'humanité, tels que le changement climatique, l'énergie, l'environnement, l'agriculture et la

---

1 http://paper.people.com.cn/rmrbhwb/html/2024-06/28/content_26065988.htm
2 https://epaper.gmw.cn/gmrb/html/2022-11/19/nw.D110000gmrb_20221119_1-06.htm

santé, la Chine partage activement ses résultats en matière d'innovation technologique avec les pays du monde entier.

La Chine promeut activement le développement de l'économie numérique et encourage la construction d'une « Route de la Soie numérique culturelle ». La Chine accorde une grande importance au développement de l'économie numérique, devenant l'un des pays au monde où elle se développe le plus rapidement et de manière la plus mature. En octobre 2023, la Chine avait déjà construit et mis en service plus de 1,7 million de stations de base 5G, représentant plus de 60 % du total mondial.[1] Les applications émergentes telles que le commerce électronique, l'administration électronique et les vidéos courtes ont non seulement profondément modifié les modes de production et de vie du peuple chinois, mais contribuent également à améliorer l'efficacité économique et la qualité de vie dans le monde entier. Parallèlement, la Chine plaide pour la création d'une « Route de la Soie numérique culturelle » combinant des formes en ligne et physiques, utilisant la nouvelle forme de « technologie numérique + arts et cultures » pour mieux protéger et transmettre les cultures traditionnelles d'excellence des différents pays, tout en établissant une grande plateforme pour les échanges culturels internationaux et la compréhension mutuelle des civilisations. Cette initiative a reçu une large réponse des pays participants, avec plus de la moitié des 218 organisations membres de 82 pays, selon la Chambre de commerce internationale de la Route de la Soie en mars 2023, ayant exprimé leur volonté de participer à la construction de

---

1 https://www.cssn.cn/skgz/bwyc/202310/t20231020_5691592.shtml

la « Route de la Soie numérique culturelle ».[1]

L'échange technologique entre la Chine et le monde s'étend largement, et un nouveau cadre de coopération technologique ouverte se forme progressivement. Face à une nouvelle vague de révolution technologique et de transformation industrielle, les relations de coopération en matière de science et de technologie entre la Chine et d'autres pays deviennent plus étroites, plus variées et plus ciblées. En 2023, la Chine a mené d'amples échanges et coopérations technologiques avec le monde à travers divers forums internationaux, tels que le Forum de Zhongguancun 2023, la 6e Conférence internationale sur les échanges et l'innovation scientifique et technologique Chine-Singapour, et le premier Forum d'échange scientifique de la Route de la Soie. À l'automne 2023, la Chine avait établi des relations de coopération scientifique avec 161 pays et régions, signé 117 accords intergouvernementaux de coopération scientifique, et collaboré de manière pragmatique dans des domaines tels que le changement climatique, les énergies renouvelables et la santé. Un nouveau cadre de coopération technologique ouverte, multidimensionnel et tous azimuts s'est mis en place.[2] Lors de la première Conférence d'échange scientifique de la Route de la Soie, qui s'est tenue fin 2023, la Chine a lancé l'Initiative de coopération scientifique internationale, qui souligne que « la science ne connaît pas de frontières et qu'elle bénéficie à l'humanité tout entière », tout en appelant à construire ensemble une communauté mondiale de la science et de la technologie.

---

1 http://lianghui.people.com.cn/2023/n1/2023/0310/c452473-32641324.html
2 http://paper.people.com.cn/rmrbhwb/html/2024-06/28/content_26065988.htm

5. La reprise du tourisme transnational s'accélère et la confiance mutuelle s'approfondit

En 2023, le marché touristique entre la Chine et l'étranger a rapidement surmonté les impacts de la pandémie, affichant une bonne dynamique de reprise. Des politiques favorables ont été mises en place, et le nombre de foires, de projets et d'activités d'échanges culturels et touristiques a considérablement augmenté, entraînant une profonde intégration des secteurs culturel et touristique. Cela a non seulement stimulé le développement prospère du tourisme mondial, mais a également contribué à la reprise économique mondiale.

Des politiques de facilitation ont été mises en œuvre, permettant une forte reprise du marché du tourisme transnational. Depuis 2023, le gouvernement chinois a continué à optimiser les politiques de visa et d'entrée pour les étrangers, y compris l'instauration de l'exemption unilatérale de visa pour certains pays, la conclusion d'accords de réciprocité totale des visas avec des pays comme Singapour et la Thaïlande, la simplification des formulaires de demande de visa, la réduction des frais de visa, l'exemption de prise d'empreintes digitales pour certains demandeurs, l'annulation des rendez-vous pour les visas, la simplification des procédures d'approbation pour les études en Chine et l'exemption de visa de transit pour 72/144 heures pour certains pays. Ces mesures ont réduit les obstacles politiques aux échanges culturels et ont favorisé une reprise rapide du marché touristique transnational. Selon un rapport statistique de l'Organisation mondiale du tourisme des Nations Unies, les dépenses des touristes chinois à l'étranger ont atteint 196,5 milliards de dollars en 2023, dépassant celles des États-Unis et de l'Allemagne, faisant de la Chine le plus grand consommateur du tourisme à l'étranger.[1] Des données de l'Académie chinoise du tourisme montrent également que le nombre de voyageurs entrant et sortant de la Chine a dépassé 190 millions de personnes en 2023, soit une augmentation de plus de 2,8 fois par rapport à 2022.[2] Actuellement, « Aller voir la Chine » est devenu une nouvelle tendance mondiale du tourisme, lorsque les voyages à l'étranger sont devenus une nouvelle norme pour des Chinois en vacances.

Les projets d'intégration culturelle et touristique se renouvellent, offrant aux citoyens des expériences culturelles variées. En 2023, la Chine a mis davantage d'accent sur la création de projets d'expérience intégrée culture-tourisme uniques, en organisant des présentations, en célébrant des festivals, en créant des sites thématiques et en développant des produits créatifs, afin d'offrir aux touristes étrangers des projets culturels et touristiques plus riches et uniques. Du *Cunchao* dans le village dong Sanbao de Rongjiang, au tourisme sci-fi sur la montagne Niubei dans le Sichuan, ces initiatives montrent que divers projets d'intégration culturelle et touristique en Chine innovent constamment, offrant aux visiteurs chinois et étrangers des expériences culturelles variées. La Foire internationale du tourisme de Chine 2023 a attiré des institutions de promotion touristique et des entreprises de plus de 70 pays et régions, pendant laquelle l'exposition du Yunnan présentait plus de 100 projets de

---

[1] https://pre-webunwto.s3.eu-west-1.amazonaws.com/s3fs-public/2024-06/Barom_PPT_May_2024.pdf?VersionId=U7O62HatlG4eNAj.wcmuQG1PMCjK.Yss
[2] http://www.xinhuanet.com/fortune/20240211/7829dbac7d934dc0bc145943ff3bf565/c.html

patrimoine immatériel de 16 villes et préfectures, ainsi que 10 itinéraires touristiques thématiques sur le patrimoine immatériel. Des projets d'expérience culturelle sur le patrimoine culturel immatériel ont été organisés et étaient très appréciés par les touristes étrangers.

La coopération touristique internationale renforce la confiance mutuelle et augmente la reconnaissance entre les peuples. La Chine a mis en place une série de politiques de facilitation des entrées et des sorties, notamment des exemptions de visa de transit et des exemptions unilatérales, qui ont non seulement suscité un afflux de touristes étrangers en Chine, mais ont également renforcé l'amitié et la confiance mutuelle entre les pays. Prenons l'exemple de l'ASEAN : plusieurs pays partagent une frontière avec la Chine et, grâce à leur avantage géographique, sont devenus des destinations touristiques importantes de la Chine et vice versa. La coopération et les échanges touristiques font partie intégrante des échanges culturels entre la Chine et l'ASEAN. Depuis 2023, les vols entre les destinations touristiques d'Asie du Sud-Est et de la Chine ont été entièrement rétablis. Presque tous les aéroports et sites touristiques des pays d'Asie du Sud-Est affichent des indications en chinois pour faciliter les déplacements des voyageurs chinois. Ces actions ont approfondi les échanges culturels et la coopération, contribuant ainsi à la construction d'une communauté de destin plus étroite entre la Chine et l'ASEAN. L'ancien Premier ministre belge Yves Leterme a fortement salué la politique d'exemption unilatérale de visa de la Chine pour cinq pays de l'Union européenne, considérant cela comme un développement très positif, et espère que l'ensemble de l'espace Schengen puisse bénéficier d'une politique pareille. L'ambassadeur d'Allemagne en Chine, Patricia

Flor, a qualifié de « sans précédent » les facilités apportées par ces mesures d'exemption de visa pour les citoyens allemands. Aujourd'hui, les Chinois ressentent un accueil chaleureux sur leur voyage à l'étranger, tandis que pour les étrangers, visiter la Chine est devenu beaucoup plus facile.

6. Les événements sportifs internationaux créent des plateformes d'échange et favorisent la compréhension et l'inclusion entre différentes cultures

Le sport est un langage commun qui transcende les frontières, et les événements sportifs sont d'importantes plateformes pour l'échange culturel mondial et la transmission des valeurs humaines. En 2023, la Chine a activement participé à l'organisation et à l'accueil de divers événements sportifs internationaux, jouant un rôle essentiel dans la promotion des valeurs communes de l'humanité, l'encouragement à la compréhension culturelle, le renforcement des amitiés entre les peuples et la promotion de la paix et du développement dans le monde.

Les événements sportifs créent une plateforme d'échange pour faciliter l'inclusion et la compréhension entre cultures. Les compétitions sportives mondiales offrent aux athlètes et aux spectateurs venant de divers pays et régions une fenêtre de reconnaissance culturelle et un lieu d'échanges culturels, contribuant à briser les barrières culturelles, à réduire les malentendus et les préjugés, et à promouvoir la compréhension mutuelle. Les Jeux asiatiques de Hangzhou ont utilisé les technologies numériques pour présenter au monde la culture esthétique chinoise, recevant une reconnaissance élevée de la part d'organisations internationales telles que le Comité international olympique et le Conseil olympique d'Asie. Les conceptions de lieux comme le « Grand Lotus », le « Petit Lotus », le « Grand Cong de Jade » et le « Parapluie de Hangzhou », l'emblème « Marée montante » qui s'inspire du fleuve Qiantang la torche intégrant des éléments du Jade Cong de Liangzhu, ainsi que la médaille « Lacs et Montagnes » mettant en avant le paysage de Hangzhou et le costume en « porcelaine bleue et blanche », incorporent parfaitement des éléments de la culture chinoise et ajoutent au sport une dimension culturelle. Des disciplines non olympiques comme les arts martiaux, le bateau-dragon, le squash, le cricket et le sepak takraw illustrent pleinement le charme unique du sport asiatique et les caractéristiques culturelles de la région. En 2023, environ 6 500 athlètes de 113 pays et régions ont participé aux Jeux mondiaux universitaires de Chengdu,[1] avec des activités d'échanges culturels telles que « Fleurs de la jeunesse », le Forum mondial de la génération Z sur le sport, et la foire des créations culturelles de musées, favorisant efficacement l'échange et l'amitié entre les jeunes des différents pays et régions, tout en présentant la culture chinoise au monde, laissant une impression durable et mémorable aux amis étrangers.

La co-organisation d'événements sportifs et d'activités culturelles met en pratique les valeurs humaines. L'organisation d'événements sportifs spécifiques est devenue plus flexible et plus riche en caractéristiques culturelles, évoluant pour devenir aujourd'hui un

---

1 https://news.cctv.com/2023/07/28/ARTIJPY38oRVEE8Jj9vZTmZf230728.shtml#:~:text= %E6%8D%AE%E4%BB%8B%E7%BB%8D%EF%BC%8C%E6%9C%AC%E5%B1%8A% E5%A4%A7%E8%BF%90%E4%BC%9A%E5%85%B1

vecteur de valeurs telles que l'égalité, la solidarité, l'ouverture, l'inclusion, la coopération et la durabilité, ainsi qu'une plateforme publique pour approfondir les échanges et l'apprentissage mutuel entre la Chine et d'autres pays. En 2023, des villes comme Beijing et Shanghai ont accueilli des événements internationaux tels que le Tournoi de tennis de Chine, le Marathon de Beijing, la Coupe du monde de snowboard et celle de ski acrobatique de la FIS, la série de compétitions de patinage de vitesse, la Coupe du monde de bobsleigh de la Fédération internationale de bobsleigh et de toboggan, le Challenge cycliste de la Vuelta en Chine, le Festival international du cerf-volant de Beijing, le Congrès international de randonnée en montagne, la Régate internationale de la Coupe de Chine, et d'autres événements internationaux de divers niveaux. Ces événements racontent de nombreuses histoires touchantes d'harmonie et de paix, et illustrent l'esprit sportif de se rencontrer à travers le sport et d'apprendre les uns des autres. Le projet « Chant de l'esprit sportif chinois », planifié et organisé par l'Administration générale des sports de Chine, a été lancé en juillet 2023 à Beijing, avec une série d'événements tenus aux lieux des Jeux asiatiques de Hangzhou, des Jeux mondiaux universitaires de Chengdu et des Quatorzièmes Jeux nationaux d'hiver et à l'Université Tsinghua. Ces événements utilisent la culture sportive comme média, mettent en valeur le charme du sport chinois, racontent les histoires du sport en Chine, et contribuent à la construction d'un pays fort en sports. Grâce à une présentation moderne et une vision de communication mondiale, ils montrent une image de la Chine à la fois crédible, sympathique et respectable, renforçant ainsi la puissance douce culturelle du pays et l'influence de la culture chinoise.

L'extension des valeurs par l'échange sportif met en avant son rôle dans la diplomatie multilatérale et la coopération commerciale. S'appuyer sur de grands événements pour mener une diplomatie locale et élargir la coopération multilatérale présente des avantages naturels, qui créent des opportunités pour les échanges et la coopération aux niveaux des gouvernements et des entreprises, tout en fournissant de nouveaux points de croissance pour la coopération économique multilatérale et en établissant une plateforme pour le dialogue et la coopération sur des questions mondiales. En 2023, pendant les Jeux asiatiques de Hangzhou et les Jeux mondiaux universitaires de Chengdu, des rencontres importantes ont eu lieu entre les dirigeants chinois et ceux de plusieurs pays, approfondissant la coopération bilatérale et multilatérale. En septembre, lors de la série de courses à vélo pour les ambassadeurs des pays de « la Ceinture et la Route » qui s'est tenue à Guigang, dans la province du Guangxi, des ambassadeurs en Chine venant du Laos, du Cambodge, de Singapour, d'Indonésie, d'Australie, du Pakistan et du Royaume-Uni ont participé à des échanges culturels sportifs et à des négociations commerciales multilatérales dans le cadre de « la Ceinture et la Route ». De telles coopérations exploitent pleinement les valeurs des concours internationaux et consolident le consensus sur la solidarité, la coopération et le bénéfice mutuel.

II. Nouvelles caractéristiques et tendances

En se basant sur une analyse complète des principales réalisations des échanges culturels sino-étrangers en 2023 dans plusieurs domaines, on décèle plusieurs nouvelles caractéristiques et tendances notables concernant les thèmes, les méthodes, les sujets, les supports et les plateformes des échanges. Les points principaux sont les suivants :

1. La Chine en tant que pays fort de culture assume de nouvelles responsabilités pour une protection du patrimoine culturel plus efficace

La protection et la transmission du patrimoine culturel constituent une responsabilité commune de toute l'humanité. En 2023, les pays ont collaboré pour faire avancer la candidature, la restauration et la recherche sur le patrimoine culturel mondial, en prônant la coopération internationale dans la protection et la transmission du patrimoine, et en partageant des expériences et des technologies de protection. Cela est devenu l'un des sujets les plus marquants des échanges culturels sino-étrangers. La Chine a proposé la création d'un comité technique pour la protection du patrimoine culturel sous l'Organisation internationale de normalisation (ISO), qui a été officiellement approuvé en mars 2024, avec son secrétariat basé au Musée du Palais. Il s'agit du premier comité technique établi dans l'échelle mondiale par l'ISO dans le domaine de la protection du patrimoine culturel depuis sa création en 1947, comprenant actuellement 31 pays membres et 13 pays observateurs, ce qui renforcera davantage les échanges et la coopération mondiaux en matière de protection du patrimoine culturel.

En juin, l'exposition « De l'ombre à la lumière, Protéger le patrimoine », co-organisée par le Musée national de Chine et l'Alliance internationale pour la protection du patrimoine dans les zones en conflit (ALIPH), a offert une vue d'ensemble de l'état des biens menacés dans le monde, appelant à un consensus mondial sur la protection du patrimoine culturel. En septembre, le « Paysage culturel de la forêt de thé ancienne de la montagne Jingmai, Pu'er » a réussi sa candidature pour l'inscription sur la Liste du patrimoine mondial, devenant ainsi le premier patrimoine culturel mondial à thème de thé, mettant en avant la protection du patrimoine culturel vivant en fournissant la « philosophie chinoise » et des « exemples chinois ». En septembre, la Chine et l'UNESCO ont conjointement établi un fonds de fiducie pour la protection du patrimoine afin d'aider l'Afrique à renforcer sa capacité de protection et de candidature au patrimoine.

Actuellement, de nombreux biens précieux du patrimoine culturel font toujours face au risque de dommages et de disparition, rendant de plus en plus importantes et urgentes les actions conjointes transnationales autour de la protection du patrimoine culturel mondial. Le 27 juillet 2024, lors de la

46ᵉ Conférence mondiale du patrimoine tenue à New Delhi, en Inde, une résolution a été adoptée pour inclure « l'Axe central de Beijing – Un chef-d'œuvre de l'ordre idéal de la capitale chinoise » dans la Liste du patrimoine mondial. Avec cette inclusion, le nombre total de biens du patrimoine mondial en Chine atteint 59, augmentant ainsi la responsabilité de la protection et de la transmission culturelles. À l'avenir, la Chine continuera de maintenir la diversité des cultures mondiales et de promouvoir des échanges culturels durables. Elle espère également que les pays se concentreront sur des thèmes clés pour parvenir à un consensus, coopérant étroitement au sein des cadres d'organisations internationales telles que l'UNESCO, l'ISO et l'Alliance asiatique pour la protection du patrimoine culturel, en adoptant des stratégies de collaboration internationale et interdisciplinaire pour protéger et préserver la richesse culturelle appartenant à toute l'humanité, assurant un avenir vibrant pour les générations futures.

2. Les échanges entre les peuples deviennent un nouveau point chaud avec une amitié plus ferme

Avec le développement approfondi de la mondialisation et les avancées fulgurantes des technologies de l'information, la tendance socialisée des échanges culturels entre la Chine et l'étranger est de plus en plus évidente. D'une part, les échanges en face à face connaissent un nouvel essor, et de plus en plus d'amis étrangers souhaitent venir en Chine pour l'explorer et découvrir. Par exemple, dans la ville de Jingdezhen, célèbre pour sa porcelaine de mille ans, le groupe de jeunes expatriés, surnommés les « Yangjingpiao », devient de plus en plus important. Les données officielles du novembre 2023 montrent que plus de 60 000 jeunes venant d'autres régions chinoises se rendent à Jingdezhen pour faire de la poterie, et chaque année, plus de 5 000 « Yangjingpiao » y créent, étudient, exposent, vivent et même s'installent.[1] D'autre part, des plateformes de médias sociaux telles que Tiktok, Rednote, Weibo, Instagram et YouTube créent des conditions favorables à la construction de réseaux interpersonnels virtuels transcendant les frontières. Selon les statistiques, en 2023, le nombre d'utilisateurs de médias sociaux dans le monde a dépassé 5 milliards, représentant 62,3 % de la population mondiale, avec une augmentation de 266 millions d'utilisateurs par rapport à l'année précédente, soit un taux de croissance de 5,6 %.[2] Les échanges culturels entre la Chine et l'étranger sont fortement propulsés par les « créateurs culturels » sur les médias sociaux. Ce mode d'échange culturel socialisé facilite le partage instantané d'informations et approfondit le respect mutuel et la compréhension entre différentes cultures, devenant ainsi une nouvelle tendance des interactions internationales.

3. La génération Z devient la nouvelle force principale, et le futur des réseaux mondiaux sera plus jeune

Avec la génération Z (les personnes nées entre 1995 et 2009) qui devient progressivement une force centrale de la société, elle commence à embrasser la culture diversifiée avec une perspective unique, une

---

1 https://new.qq.com/rain/a/20231106A06HT800
2 Source des données : résultats statistiques des cabinets de conseil Kepios et GWI.

pensée innovante et une attitude ouverte, et devient ainsi la nouvelle force principale des échanges culturels entre la Chine et l'étranger. Ce groupe est habile à utiliser les nouvelles technologies et nouveaux médias pour créer des œuvres artistiques interculturelles, initier des activités culturelles en ligne et participer à des projets de bénévolat international, montrant ainsi de manière vivante et intuitive les caractéristiques culturelles de leur pays et établissant des ponts entre différentes cultures.

Dans le domaine des échanges médiatiques, de nombreux contenus interculturels créés par la génération Z sur des plateformes de partage de vidéos comme Bilibili rencontrent un grand succès, avec des millions de vues. Sur TikTok, les grands influenceurs qui présentent les caractéristiques culturelles et les expériences de vie de différents pays attirent également une multitude de jeunes fans du monde entier. Les films de science-fiction chinois tels que la série « Terre errante » et le jeu original « Genshin Impact » sont particulièrement appréciés par de nombreux membres étrangers de la génération Z. Dans le cadre des échanges réels, cette génération participe activement à des activités de bénévolat international, ainsi qu'à des interactions sociales et des expériences culturelles variées comme le sport, traditionnel et électronique. Concernant les échanges éducatifs, de plus en plus de membres de la génération Z étudient et échangent dans différents pays grâce à des programmes d'échange, des collaborations académiques et d'autres moyens, ou ouvrent les portes des échanges culturels transnationaux grâce à des cours en ligne. En matière d'échanges touristiques, la génération Z est le groupe le plus enclin à utiliser ce moyen pour découvrir le monde et se faire des amis. Ces nouvelles tendances illustrent la vitalité et le potentiel illimité de la jeune génération dans les échanges culturels.

Dans un contexte de mondialisation croissante, la jeunesse internationale, en tant que nouvelle force émergente du développement social, a de vastes perspectives pour promouvoir les échanges culturels entre la Chine et l'étranger. En juin 2023, environ 100 jeunes venus de plus de 60 pays participant à l'Initiative « la Ceinture et la Route » sont venus en Chine pour le Forum de la jeunesse sur la créativité et le patrimoine, axé sur le thème « La participation des jeunes pour promouvoir la diversité et l'inclusivité culturelles », où ils ont activement discuté et échangé, renforçant ainsi l'amitié. En juillet 2024, plus de 1 000 invités et représentants de la jeunesse de 28 pays et régions, dont la Chine, les États-Unis, les Pays-Bas, la Roumanie et la Thaïlande, ont participé au Congrès international de la jeunesse et au camp d'échange sino-américain, offrant une vaste plateforme pour des échanges profonds et des interactions larges entre les jeunes chinois et étrangers. Envisageant l'avenir, nous encourageons les jeunes internationaux à se déplacer davantage, se visiter davantage et se faire des amis, à travers des formes riches telles que le bénévolat, des groupes d'échange culturel et des programmes d'études à l'étranger, afin d'expérimenter différentes cultures en pratique, d'améliorer leurs compétences en communication interculturelle, d'élargir leur « cercle international d'amis » et de devenir ainsi des piliers des échanges culturels entre la Chine et l'étranger.

4. Les échanges urbains donnent naissance à de nouvelles tendances, et la coopération sur le développement des villes s'approfondit

Avec l'émergence de la « balade urbaine », le rôle des villes en tant que supports d'échanges culturels se renforce. De plus en plus d'amis étrangers, prêts à partir à l'aventure, parcourent des milliers de kilomètres pour venir dans diverses villes chinoises, non seulement pour explorer les paysages culturels et les spécialités culinaires, mais aussi pour expérimenter la rapidité du train à grande vitesse, les paiements pratiques, et les technologies de conduite autonome, redécouvrant ainsi une Chine où culture et technologie s'entrelacent. En 2023, les provinces ou villes chinoises ont établi 3 019 jumelages avec 596 provinces et 1 853 villes de 147 pays à travers le monde.[1] Pour la deuxième année consécutive, le Forum culturel de Beijing a été organisé, invitant des journalistes chinois et étrangers à visiter des lieux emblématiques tels que la ruelle Qingyun, le salon de thé Lao She, et le Big Air Shougang, permettant aux amis étrangers de mieux découvrir le charme culturel de la capitale. Les villes avec leurs propres caractéristiques ont été redécouvertes par les touristes et sont devenues des destinations prisées : Aksu, Kashgar, Hotan et Turpan au Xinjiang sont connues pour leur cuisine, Shaoguan, Liangshan et Dali pour le paysage, ou Wuhan, Quanzhou et Yangzhou pour leur

---

[1] https://cpaffc.org.cn/index/friend_city/index/lang/1.html

patrimoine historique. La ville de Xi'an a d'autant plus bénéficié des discussions accrues sur des sujets tels que l'histoire de la Chine, les vêtements traditionnels chinois et la dynastie Tang. En 2023, Chongqing et Chaozhou ont réussi à rejoindre le Réseau des villes créatives de l'UNESCO, tandis que des villes membres comme Beijing, Shanghai, Changsha, Nanjing et Wuhan explorent activement, par le biais d'activités variées, comment l'industrie culturelle et créative peut favoriser le développement durable des villes et approfondir les échanges culturels. En 2023, différents rapports d'organisations ont reconnu les efforts et les résultats obtenus par les villes chinoises en matière d'échanges culturels, celles-ci devenant, grâce à leur histoire et leur culture, des points de référence pour les internautes étrangers, la première considération pour les amis venant en Chine, et des vecteurs clés d'échanges culturels.

Le 31 juillet 2024, un rapport sur l'indice des villes-centres de relations internationales 2024 a été publié, révélant que Londres, Paris, New York, Hong Kong, Singapour, Séoul, Beijing, Tokyo, Madrid et San Francisco se figurent dans le top dix de cet indice. Les relations de coopération entre villes amies à travers les continents et les régions constituent une pratique culturelle d'une grande importance et un moyen essentiel de promouvoir le processus de mondialisation et le développement coordonné des régions. À l'avenir, les mécanismes de coopération urbaine seront approfondis à l'échelle mondiale, visant à servir la communication entre les peuples et à répondre aux besoins de développement économique et social local, tout en reliant des événements majeurs tels que la Journée mondiale des villes, le Festival international du tourisme, la Journée internationale des musées et la Journée des marques chinoises, qui ajoutent des volets spéciaux ou des activités thématiques et mettent en avant les éléments d'amitié entre villes et les thèmes de coopération. Nous espérons qu'avec les initiatives pour le développement mondial, la sécurité mondiale et la civilisation mondiale, nous pourrons encourager davantage de villes amies à « trouver des partenaires » et à « former des duos », favorisant ainsi la création d'une communauté de développement urbain et le partage des dividendes de la modernisation à la chinoise.

5. La technologie numérique ouvre de nouveaux espaces, diversifiant les formes d'échanges culturels

À l'ère numérique, la technologie numérique aide à briser les contraintes spatio-temporelles, élargissant considérablement les formes et le contenu des échanges culturels. Cela rend les échanges culturels plus vastes, plus riches, avec des produits plus personnalisés et des services plus précis, apportant des opportunités d'innovation sans précédent. Le *Plan de la Société chinoise de science et technologie pour les échanges populaires technico-scientifiques et culturels avec l'étranger durant le XIVe Plan quinquennal (2021-2025)* souligne que les échanges technico-scientifiques et culturels sont fondamentaux pour renforcer l'amitié entre les peuples et promouvoir le développement national, constituant une part importante de la diplomatie scientifique et de la coopération technologique internationale. En 2023, la technologie numérique est devenue un moteur essentiel pour élargir de nouveaux espaces de diffusion culturelle. Les pays utilisent des technologies avancées comme la réalité virtuelle (VR) et la réalité augmentée (AR) pour créer des plateformes d'expérience culturelle immersive, permettant aux spectateurs éloignés de ressentir la beauté d'autres cultures. Parallèlement, l'essor des plateformes numériques offre des voies plus pratiques et efficaces pour la création, la diffusion et la consommation de produits culturels, favorisant l'innovation et la modernisation de l'industrie culturelle. Par exemple, le projet « Musée du Palais numérique » a attiré environ 40 millions de visites depuis son lancement, repoussant considérablement les frontières de la diffusion culturelle. De plus, l'application de l'intelligence artificielle dans la diffusion culturelle devient de plus en plus mature, permettant des recommandations culturelles précises basées sur l'analyse des intérêts des utilisateurs, améliorant ainsi l'efficacité et l'effet de la diffusion culturelle. Grâce à l'autonomisation apportée par la technologie numérique, les échanges culturels entre la Chine et d'autres pays surmontent les limites du temps et de l'espace, réalisant des interactions et des échanges plus vastes, approfondis et durables.

Le rapport *Développement numérique de la Chine (2023)* publié par le Bureau national des données de Chine en juillet 2024 indique qu'en 2024, malgré un environnement externe toujours sévère et complexe et des tâches de construction numérique difficiles, la Chine dispose du plus grand nombre de scénarios d'application numérique au monde, d'une infrastructure numérique puissante et de talents numériques hautement qualifiés. Le développement numérique de la Chine sera donc accéléré et amélioré, avec plus d'espace de coopération internationale dans le domaine numérique. Par exemple, le jeu vidéo national « Black Myth: Wukong », développé pendant sept ans, revitalise les histoires traditionnelles chinoises à travers des technologies de pointe. On peut s'attendre à ce que la technologie numérique continue de stimuler l'innovation dans le contenu, la technologie, les modèles, les formats et les scénarios, permettant une profonde numérisation des ressources culturelles et l'intégration des ressources de données culturelles. On estime que la technologie numérique insufflera une nouvelle vitalité aux diverses formes d'échanges culturels entre la Chine et d'autres pays, faisant vibrer les échanges culturels « au bout des doigts » et « en nuage ».

Conclusion

En regardant en arrière sur 2023, la communauté internationale a salué l'engagement actif de la Chine en faveur des échanges culturels entre les pays. Des personnalités politiques étrangères et des amis de la Chine à l'international ont exprimé leur appréciation pour l'ICM proposée par la Chine lors de diverses occasions. Hossein Darvishi, consul général d'Iran à Guangzhou, a mentionné qu'au cours des milliers d'années d'histoire du développement de la « Route de la Soie », les peuples chinois et iranien ont continuellement dialogué sur la culture, la philosophie, l'art et la musique, et qu'il est nécessaire de poursuivre de tels échanges amicaux à l'avenir. Irina Bokova, ancienne directrice générale de l'UNESCO, a déclaré qu'aujourd'hui, alors que les conflits et les tensions mondiaux s'intensifient, l'ICM offre une excellente solution pour respecter la diversité culturelle et promouvoir les échanges et l'apprentissage mutuel entre différentes civilisations. De plus, en 2023, dix amis internationaux, dont Joseph Polisi des États-Unis, Essam Sharaf d'Égypte, Flora Botton Beja du Mexique et David Ferguson du Royaume-Uni, ont été primés lors de la première édition du « Prix de l'Orchidée » de Chine en raison de leur contribution remarquable à la promotion des échanges culturels et à l'apprentissage mutuel entre les civilisations.

Actuellement, la situation internationale demeure complexe et changeante : les tensions géopolitiques se multiplient, la reprise de l'économie mondiale est inégale, le changement climatique et des problèmes environnementaux s'aggravent, et la compétition en technologie s'intensifie. Audrey Azoulay, directrice générale de l'UNESCO, a déclaré que « s'il y a quelque chose que nous avons en commun, c'est notre sentiment de vulnérabilité et notre incertitude face à l'avenir. » Dans ce contexte d'incertitudes, la promotion des échanges culturels et de l'apprentissage mutuel entre les pays revêt une importance accrue. Le 7 juin 2024, la proposition de la Chine d'établir la Journée internationle du dialogue des civilisations a été adoptée à l'unanimité lors de la 78ᵉ Assemblée générale des Nations Unies, témoignant des efforts positifs de la Chine pour renforcer la compréhension mutuelle entre les cultures et promouvoir les échanges entre civilisations. En regardant vers l'avenir, la Chine, dotée d'une histoire ancienne et d'une culture éclatante, continuera de promouvoir et de mettre en pratique l'ICM. Cette initiative reflète non seulement la compréhension profonde et le respect de la Chine pour la diversité de la civilisation humaine, mais aussi le sens des responsabilités et les contributions de la Chine en tant qu'un grand pays conscient de sa responsabilité. Nous sommes convaincus que, dans le cadre du développement florissant des échanges culturels entre la Chine et le monde, la Chine créera davantage de plateformes et d'opportunités pour les échanges et la coopération entre différentes civilisations et œuvrera avec d'autres pays à relever les défis mondiaux, afin de contribuer à la diversité des civilisations mondiales et à la construction d'une communauté de destin pour l'humanité.

图片资料来源
Photo credit
Crédit des images

图 1　中国国际图书贸易集团公司　供图
Figure 1　China International Book Trading Corporation (CIBTC)
Figure 1　Groupe du commerce international du livre de Chine (CIBTC)

图 2　当代中国与世界研究院　供图
Figure 2　Academy of Contemporary China and World Studies (ACCWS)
Figure 2　Académie d'études de la Chine et du monde contemporains (ACCWS)

图 3　当代中国与世界研究院　供图
Figure 3　ACCWS
Figure 3　ACCWS

图 4　央视网《新闻联播》　视频截图
Figure 4　Screenshot of CCTV *Xinwen Lianbo* 2023/11/11 video
Figure 4　CCTV *Xinwen Lianbo*, capture d'écran de la vidéo
https://tv.cctv.cn/2023/11/11/VIDEZu39Sz5lyMwEQYVQVsHg231111.shtml

图 5　中新图片
Figure 5　China News Agency
Figure 5　China News Agency

图 6　央视网《东方时空》　视频截图
Figure 6　Screenshot of Oriental Horizon 2023/05/15 video
Figure 6　CCTV « Horizon Oriental », capture d'écran de la vidéo
https://tv.cctv.com/2023/05/15/VIDElw8ldCyOmqt45qE1TmoJ230515.shtml

图 7　中国网　供图
Figure 7　www.china.com.cn
Figure 7　www.china.com.cn

图 8　"新华社新媒体"百家号　视频截图
Figure 8　Screenshot of 2023/05/19 video from the official Baijiahao account of Xinhua News Agency
Figure 8　Xinhua News Agency Nouveau Média, capture d'écran de la vidéo
https://baijiahao.baidu.com/s?id=1766330835616211949&wfr=spider&for=pc

图 9　央视网《东方时空》　视频截图
Figure 9　Screenshot of Oriental Horizon 2024/07/05 video
Figure 9　CCTV « Horizon Oriental », capture d'écran de la vidéo
https://tv.cctv.com/2024/07/05/VIDESVZmyVYvB7HYumS1Fu6O240705.shtml

图 10　中国网　供图
Figure 10　www.china.com.cn
Figure 10　www.china.com.cn

图 11　引用自杭州第 19 届亚运会官方微博
Figure 11　Official Weibo account of the 19th Asian Games (Hangzhou 2022)
Figure 11　Cité depuis le compte Weibo officiel « 19ᵉ Jeux Asiatiques de Hangzhou »

图 12　引用自国际雪车联合会官方微博
Figure 12　Official Weibo account of the International Bobsleigh and Skeleton Federation (IBSF)
Figure 12　Cité depuis le compte Weibo officiel de l'IBSF

图 13　中国网　供图
Figure 13　www.china.com.cn
Figure 13　www.china.com.cn

图 14　中国国家博物馆　供图（余冠辰　摄影）
Figure 14　National Museum of China (Photograph by Yu Guanchen)
Figure 14　Musée National de Chine (Photo de Yu Guanchen)

图 15　引用自 RankingRoyals 官方网站
Figure 15　Official website of RankingRoyals
Figure 15　Site officiel de RankingRoyals
https://rankingroyals.com/technology/most-popular-social-media-platforms-2023-top-15/

图 16　引用自"新时代中国外交思想库"百家号
Figure 16　Official Baijiahao account of "China's Diplomacy in the New Era"
Figure 16　Compte Baijiahao « Groupe de réflexion de la pensée diplomatique chinoise de la nouvelle ère »
https://baijiahao.baidu.com/s?id=1776469647391364265&wfr=spider&for=pc

图 17　央视网《新闻联播》 视频截图
Figure 17　Screenshot of CCTV *Xinwen Lianbo* 2024/01/01 video
Figure 17　CCTV *Xinwen Lianbo*, capture d'écran de la vidéo
https://tv.cctv.com/2024/01/01/VIDESUJALZ4apqbnKHYynVTJ240101.shtml

图 18　中国网　供图
Figure 18　www.china.com.cn
Figure 18　www.china.com.cn

图 19　央视网《经济新闻联播》 视频截图
Figure 19　Screenshot of CCTV Economic News 2023/01/18 video
Figure 19　CCTV « Nouvelles Economiques », capture d'écran de la vidéo
https://tv.cctv.com/2023/01/18/VIDEkZcvNlvJJc6wwIJhrL7m230118.shtml

图 20　引用整理自中国经济网
Figure 20　China Economic Net
Figure 20　China Economic Net

图 21　央视网《央视新闻》 视频截图
Figure 21　Screenshot of CCTV *Yangshi Xinwen* 2023/05/27 video
Figure 21　CCTV « CCTV Nouvelles », capture d'écran de la vidéo
https://news.cctv.com/2023/05/27/VIDEC8e8bhS2Q7WaohKmW6o9230527.shtml

图 22　引用自故宫博物院数字文物库
Figure 22　Digital Collection by the Palace Museum
Figure 22　Bibliothèque numérique des collections du Musée du Palais
https://digicol.dpm.org.cn/

图 23　中新图片
Figure 23　China News Agency
Figure 23　China News Agency

图书在版编目（CIP）数据

新特点与新趋势：中外文化交流报告.2023：汉英法对照 / 中国外文出版发行事业局，当代中国与世界研究院，中国翻译研究院编译. -- 北京：朝华出版社，2025.5. -- ISBN 978-7-5054-5567-2

Ⅰ.G125

中国国家版本馆CIP数据核字第2024A7W763号

新特点与新趋势：中外文化交流报告（2023）

编　　译	中国外文出版发行事业局　当代中国与世界研究院　中国翻译研究院

出 版 人	汪　涛
项目管理	朱文博
责任编辑	张　璇
特约编辑	华光灿　杨超慧
执行编辑	陈东宁
责任印制	陆竞赢　訾　坤
封面设计	十一Studio
排版制作	维诺传媒

出版发行	朝华出版社		
社　　址	北京市西城区百万庄大街24号	邮政编码	100037
订购电话	（010）68995509		
联系版权	zhbq@cicg.org.cn		
网　　址	http://zhcb.cicg.org.cn		
印　　刷	小森印刷（北京）有限公司		
经　　销	全国新华书店		
开　　本	787mm×1092mm　1/16	字　　数	140千字
印　　张	10		
版　　次	2025年5月第1版　2025年5月第1次印刷		
装　　别	平		
书　　号	ISBN 978-7-5054-5567-2		
定　　价	128.00元		

版权所有　翻印必究·印装有误　负责调换

First Edition in May 2025
First Printing in May 2025

New Characteristics, New Trends: Report on China's Cultural Exchanges With the World (2023)

Complied and translated by China International Communications Group, Academy of Contemporary China and World Studies, and China Academy of Translation
Published by Blossom Press
Address: No. 24 Baiwanzhuang Street, Xicheng District, Beijing 100037, China
Tel: +86-10-6899 5509
ISBN 978-7-5054-5567-2

Printed in the People's Republic of China

Première édition en mai 2025
Premier tirage en mai 2025

Nouvelles caractéristiques et tendances : Rapport sur les échanges culturels entre la Chine et l'étranger (2023)

Rédigé et traduit par le Groupe de communication internationale de Chine, l'Académie d'études de la Chine et du monde contemporains, l'Académie de traduction de Chine
Publié par Editions Aurore
Adresse : 24 Baiwanzhuang, 100037, Beijing, Chine
Tél : (8610) 68995509
ISBN 978-7-5054-5567-2

Imprimé en République populaire de Chine